*

CONGREGACIÓN
PARA LOS INSTITUTOS DE VIDA CONSAGRADA
Y LAS SOCIEDADES DE VIDA APOSTÓLICA

# CONTEMPLAD

## CARTA A LOS CONSAGRADOS

## Y CONSAGRADAS

## TRAS LAS HUELLAS DE LA BELLEZA

*«Oh, amor de mi alma»*
*(Cant 1,7)*

SAN PABLO

Sacerdotes y Hermanos de la Sociedad de San Pablo-Provincia
de México, Cuba Y Sur de Estados Unidos

Primera edición 2016


D. R. © 2016, EDICIONES PAULINAS, S. A. DE C. V.

Calz. Taxqueña 1792, Deleg. Coyoacán, 04250, México, D. F.

www.sanpablo.com.mx


Impreso y hecho en México
Printed and made in Mexico


ISBN: 978-607-714-176-1

*«El amor auténtico es siempre contemplativo».*

PAPA FRANCISCO

*Queridos hermanos y hermanas:*

1. El Año de la Vida Consagrada –camino precioso y bendito– ha llegado a su fin, mientras las voces de consagrados y consagradas de todas las regiones del mundo expresan la alegría de la vocación y la fidelidad a su identidad en la Iglesia, testimoniada a veces con el martirio.

Las dos cartas *Alegraos* y *Escrutad* han abierto un camino de reflexión coral, seria y significativa, que ha planteado preguntas existenciales a nuestra vida personal y de Instituto. Es oportuno ahora continuar nuestra reflexión a muchas voces, fijando la mirada en el corazón de nuestra vida de *seguimiento.*

Dirigir la mirada a lo más profundo de nuestro vivir, esclarecer el motivo de nuestro peregrinar en busca de Dios, interrogar la dimensión contemplativa de nuestros días, para reconocer el misterio de gracia que nos constituye, nos apasiona y nos transfigura.

El papa Francisco nos llama con solicitud a volver la mirada de nuestra vida hacia Jesús, pero también a dejarnos mirar por él, para «redescubrir cada día que somos depositarios de un bien que humaniza, que ayuda a conducir una vida nueva».[1] Nos invita a ejercitar la mirada del corazón porque «el amor auténtico es siempre contemplativo».[2] Sea la relación teologal de la persona consagrada con el Señor *(confessio Trinitatis)*, sea la comunión fraterna con aquellos que están llamados a vivir el mismo carisma *(signum fraternitatis)*, sea la misión como epifanía del amor misericordioso de Dios en la comunidad humana *(servitium caritatis)*, todo ello tiene que ver con la búsqueda nunca acabada del rostro de Dios, a la escucha obediente de su Palabra, para llegar a la contemplación del Dios vivo y verdadero.

Las diferentes formas de vida consagrada –eremítica y virginal, monástica y canonical, conventual y apostólica, secular y de nueva fraternidad– beben en la misma fuente de la contemplación; en ella cobran fuerzas y recuperan vigor. En ella encuentran el misterio que las habita y la plenitud para vivir la cifra evangélica de la consagración, de la comunión y de la misión.

Esta carta –que se coloca en línea de continuidad con la Instrucción *La dimensión contemplativa de la vida religiosa* (1980), con la Exhortación apostólica postsinodal *Vita consecrata* (1996), con la Carta apostólica *Novo millennio ineunte* (2001) y las Instrucciones *Caminar desde Cristo* (2002) y *Faciem tuam, Domine, requiram* (2008)– os llega, por tanto, como una invitación abierta al misterio de Dios, fundamento de toda nuestra vida.

[1] PAPA FRANCISCO, Ex. Ap. *Evangelii gaudium* (24 de noviembre de 2013), 264.
[2] *Ib*, 200.

Una invitación que abre un horizonte nunca alcanzado y nunca completamente experimentado: nuestra relación con el secreto de Dios viviente, el primado de la vida en el Espíritu, la comunión de amor con Jesús, centro de la vida y fuente continua de toda iniciativa,[3] experiencia viva que pide ser compartida.[4] Resuena el deseo: *Ponme como sello sobre tu corazón* (Cant 8,6).

Que el Espíritu Santo, el único que conoce y mueve nuestra intimidad, *intimior intimo meo*,[5] nos acompañe en la verificación, en la edificación y en la transformación de nuestra vida, para que sea acogida y júbilo de una Presencia que nos habita, deseada y amada, verdadera *confessio Trinitatis* en la Iglesia y en la ciudad humana: «Nosotros nos disponemos a recibirlo con tanta mayor capacidad cuanto mayor es la fe con la que creemos, la firmeza con la que esperamos y el ardor con el que deseamos».[6]

El grito místico que reconoce al Amado –*Eres el más hermoso de los hombres* (Sal 45,3)–, como potencia de amor fecunda a la Iglesia y recompone en la ciudad humana los fragmentos dispersos de la Belleza.

---

[3] Cf CONGREGACIÓN PARA LOS INSTITUTOS DE VIDA CONSAGRADA Y LAS SOCIEDADES DE VIDA APOSTÓLICA, Instrucción *Caminar desde Cristo. Un renovado compromiso de la vida consagrada en el Tercer Milenio* (19 de mayo de 2002), 22.

[4] Cf JUAN PABLO II, Ex. Ap. postsinodal *Vita consecrata* (25 de marzo de 1996), 16.

[5] Cf S. AGUSTÍN, *Confesiones* III, 6, 11.

[6] ID, *Carta* 130, 8, 17.

# PRÓLOGO

*«Por las calles y las plazas
buscaré al amor de mi alma».*

(Cantar de los cantares 3,2)

## A la escucha

2. Quien ama está impregnado por un dinamismo, experimenta el carácter pascual de la existencia, acepta el riesgo de la salida de sí mismo para alcanzar al otro –no solo en el espacio externo, sino también en su interioridad– y descubre que el bien propio consiste en habitar en el otro y acogerlo. El amor dirige hacia el otro una mirada nueva, de especial intimidad, en virtud de la cual el otro no pertenece al plano de las ideas, no se queda en el umbral, sino que accede al microcosmos del propio sentir, de tal modo que se transforma en el amado de mi vida (Cant 3,2), al que busco.

Es este el dinamismo que atraviesa el Cantar de los cantares (en hebreo *šîr haššîrîm*), un libro tan preeminente que puede ser definido como el «santo de los santos» del Antiguo Testamento. Es el primer libro de los cinco rollos *(meghillôt)* que para los hebreos tiene una especial relevancia litúrgica, pues es el que leen durante la celebración de la Pascua. Este canto *sublime* celebra la belleza y la fuerza atractiva del amor entre el hombre y la mujer, que germina en el interior de una historia hecha de deseo, de búsqueda y de encuentro que se hace *éxodo* recorriendo *calles* y *plazas* (Cant 3,2), y que enciende en el mundo el fuego del amor de Dios. Si el amor humano es presentado en el libro como *llama divina* (Cant 8,6: *šalhebetyâ*), llama de *Yah*, es porque constituye *el camino más sublime* (1Cor 12,31), la realidad sin la cual el hombre es *nada* (1Cor 13,2), y lo que más acerca la creatura a Dios. El amor es resonancia y fruto de la misma naturaleza de Dios. La creatura que ama se humaniza, pero al mismo tiempo experimenta también el comienzo de un proceso de divinización porque *Dios es amor* (1Jn 4,10.16). La creatura que ama tiende a la plenitud y a la paz, el *šalom*, que es la meta de la comunión, como para los esposos del Cantar que este *šalom* lo llevan en el nombre: él es *Šelōmōh*, ella *Šûlammît*.

El Cantar de los Cantares ha sido interpretado de forma literal, como celebración de la fuerza del amor humano entre una mujer y un hombre, pero también de forma alegórica, como en la gran tradición hebrea y cristiana, para hablar de la relación Dios-Israel, Cristo-Iglesia. El libro encuentra su punto central en la dinámica esponsal del amor y –a modo de parábola que nos ayuda a viajar a un lugar donde se habla el lenguaje vivo de los enamorados que sana la soledad, el replegarse sobre uno mismo y el egoísmo– a nuestro presente sugiriéndonos que la vida no avanza por imposición de órdenes o constricciones, ni dirigida por reglas, sino en virtud de un éxtasis, de un encanto, de un arrobamiento que nos pone en camino y lee la historia en clave relacional, comunional y agápica.

La criatura humana puede vivir este amor de naturaleza esponsal que afecta todos los sentidos e inspira los pasos del camino, no solo en relación con otro ser humano, sino también con Dios. Es lo que ocurre a quien se consagra a Dios en el horizonte sapiencial y en la atmósfera fecunda de los consejos evangélicos, que proclaman el primado de relación con Él. Por ello el Cantar de los cantares es un faro que ilumina a los consagrados.

El Cantar, definido como canto de mística unitiva, puede ser leído también como itinerario del corazón hacia Dios, como peregrinación existencial hacia el encuentro con el Dios hecho carne que ama de modo nupcial. Puede ser leído como una sinfonía del amor esponsal que comprende la inquietud de la búsqueda del amado *(dôd)*, la meta del encuentro que sacia el corazón y el detenerse en la degustación de la elección y de la mutua pertenencia.

A la luz del Cantar la vida consagrada aparece como una vocación al amor que tiene sed de Dios vivo (Sal 42,3; 63,2), que enciende en el mundo la búsqueda del Dios escondido (1Crón 16,11; Sal 105,4; Is 55,6; Am 5,6; Sof 2,3) y que lo reconoce en los rostros de los hermanos (Mt 25,40). Es allí donde Dios encuentra el espacio para plantar su tienda (Ap 21,3); en la oración o en la hondura del corazón donde Dios ama vivir (Gál 2,20). Los hombres y las mujeres consagradas van hacia Cristo para escuchar sus palabras que son *espíritu y vida* (Jn 6,63), encontrándolo en los lugares sagrados, y también *por las calles y las plazas* (Cant 3,2), para hacer del encuentro personal con su amor una pasión que interceda en la historia.

## Vida consagrada, *statio orante* en el corazón de la historia

3. El papa Francisco escribe en la Carta apostólica dirigida a los consagrados y las consagradas: «Espero que toda de vida consagrada se pregunte sobre lo que Dios y la humanidad de hoy piden. Solo con esta atención a las necesidades del mundo y con la docilidad al Espíritu, este Año de la Vida Consagrada se transformará en un auténtico *kairós,* un tiempo de Dios lleno de gracia y de transformación».[7]

Es un interrogante que resuena en cada uno de nosotros. El Papa ofrece una primera respuesta: «Experimentad y demostrad que Dios es capaz de colmar nuestros corazones y hacernos felices, sin que tengamos necesidad de buscar nuestra felicidad en otro lado».[8]

Deseosos de plenitud y siempre en busca de la felicidad, apasionados y nunca saciados de gozo, esta inquietud nos aúna.

Buscamos el gozo verdadero (cf Jn 15,11) en «un tiempo, en el que el olvido de Dios se hace habitual; un tiempo, en el que el acto fundamental de la personalidad humana, más consciente de sí y de su libertad, tiende a pronunciarse a favor de la propia autonomía absoluta, desligándose de toda ley trascendente; un tiempo, además, en el cual las expresiones del espíritu alcanzan las cumbres de la irracionalidad y de la desolación; un tiempo, finalmente, que registra aún

---

[7] Papa Francisco, *Carta apostólica a todos los consagrados con ocasión del Año de la Vida Consagrada* (21 de noviembre de 2014), II, 5.
[8] *Ib*, II, 1.

en las grandes religiones étnicas del mundo perturbaciones y decadencias jamás antes experimentadas».[9]

Son palabras que el beato Pablo VI dirigía al mundo en el curso de la última sesión pública del Concilio Vaticano II. Nuestro tiempo se caracteriza –más incluso que después de la Asamblea conciliar– por la centralidad paradigmática del cambio y tiene como elementos distintivos la velocidad, la relatividad y la complejidad. Todo cambia a un ritmo más rápido que en el pasado, y eso causa desorientación e inquietud en aquellos que siguen enclavados en certezas antiguas y en elementos superados de interpretación de la realidad. Esta aceleración hace que el presente sea volátil: el presente es el lugar de las emociones, de los encuentros, de las opciones provisorias, mientras se necesitarían estabilidad y puntos firmes de valoración y de vida.

En la sobreabundancia de acontecimientos, de comunicaciones y de experiencias es difícil hacer síntesis y discernir, y por ello muchos no logran vivir una búsqueda de sentido para transformar el presente en un laboratorio de comprensión, de comunión y de puesta en común.

La cultura actual, especialmente la occidental, centrada sobre todo en la praxis, totalmente dirigida hacia el hacer y el producir, genera –como contrapartida– la necesidad inconsciente de silencio, escucha y ambiente contemplativo. Estas dos orientaciones contrapuestas corren sin embargo el riesgo de originar una mayor superficialidad. Así el activismo o algunos modos de

---

[9] PABLO VI, *Alocución* en la última sesión pública del Concilio Ecuménico Vaticano II, Ciudad del Vaticano (7 de diciembre de 1965).

vivir la contemplación pueden equivaler casi a una fuga de uno mismo o de la realidad, un vagabundear neurótico que engendra vidas caracterizadas por la prisa y el descarte.

Precisamente en ese contexto «surge, a veces de manera confusa, una singular y creciente demanda de espiritualidad y de lo sobrenatural, signo de una inquietud que anida en el corazón del hombre que no se abre al horizonte trascendente de Dios. Por desgracia, es precisamente Dios quien queda excluido del horizonte de muchas personas; y cuando no encuentra indiferencia, cerrazón o rechazo, el discurso sobre Dios queda en cualquier caso relegado al ámbito subjetivo, reducido a un hecho íntimo y privado, marginado de la conciencia pública».[10]

4. La vida consagrada, caracterizada por la búsqueda constante de Dios y por la continua revisión de su identidad, respira las instancias y el clima cultural de este mundo, que habiendo perdido la conciencia de Dios y de su presencia eficaz en la historia, corre el riesgo de no reconocerse a sí mismo. Vive un tiempo no solo de *desencanto*, *des-acuerdo* e *in-diferencia*, sino también de *sin-sentido*. Para muchos es un tiempo de *desorientación:* se dejan vencer por la renuncia a la búsqueda del significado de las cosas, son verdaderos náufragos del espíritu.

En este tiempo la Iglesia –y dentro de ella la vida consagrada– está llamada a testimoniar que «Dios sí existe, que es real, que es viviente, que es personal, que es providente, que es infinitamente bueno, más aún, no solo bueno en sí sino inmensamente bueno

[10] Benedicto XVI, *Discurso* a la Asamblea de la Conferencia Episcopal italiana, Ciudad del Vaticano (24 de mayo de 2012).

para nosotros, nuestro creador, nuestra verdad, nuestra felicidad, de tal modo que el esfuerzo de fijar en Él la mirada y el corazón, que llamamos contemplación, viene a ser el acto más alto y más pleno del espíritu, el acto que aún hoy puede y debe jerarquizar la inmensa pirámide de la actividad humana».[11]

Es esta la tarea confiada a la vida consagrada: testimoniar –en nuestro tiempo– que Dios es la felicidad. Fijar en Él la mirada y el corazón nos permite vivir en plenitud.

El término «contemplar» es usado en el lenguaje cotidiano para indicar el detenerse largamente a mirar, el observar con atención algo que suscita maravilla o admiración: el espectáculo de la naturaleza, el cielo estrellado, un cuadro, un monumento, un paisaje. Esta mirada, descubriendo la belleza y saboreándola, puede ir más allá de lo que se está contemplando y estimular la búsqueda del autor de la belleza (cf Sab 13,1-9; Rom 1,20). Es mirada que contiene en sí algo que va más allá de los ojos: la mirada de una madre al hijo que duerme en sus brazos, o la mirada de dos ancianos que después de una larga vida vivida juntos siguen amándose. Es una mirada que comunica intensamente, expresa una relación, narra lo que uno es para el otro.

Si es verdad que el origen del término «contemplación» es griego (*theoreîn/theoría*) –e indica la intuición de la razón que desde la multiplicidad de lo que se ve remonta al uno, capta el todo a través del fragmento y la íntima naturaleza de las cosas en el fenómeno–, es todavía más verdadero que el hombre bíblico tiene un *animus* esencialmente contemplativo. En su estupor de creatura,

[11] Pablo VI, *Alocución* en la última sesión pública del Concilio Ecuménico Vaticano II, Ciudad del Vaticano (7 de diciembre de 1965).

consciente de recibir el ser y la existencia del acto libre y gratuito de Dios, encuentra la meta de toda inquietud del corazón. Los Salmos están llenos de esta mirada de gratitud y de maravilla sobre el hombre y sobre las cosas.

5. El hombre bíblico es consciente de la amorosa iniciativa y liberalidad de Dios también en otro ámbito: el don de la Palabra. La iniciativa de Dios que se dirige a su creatura, entreteje con ella un diálogo, la involucra en aquella relación personal de reciprocidad que es la alianza –Yo para ti y tú para mí– no es un «dato» que se da por descontado, al cual uno se pueda acostumbrar. Es una revelación sorprendente ante la cual simplemente «estar» en actitud de receptividad y reconocimiento.

Los profetas son testigos cualificados de esta actitud. Las *diez palabras* con las que se sella la alianza (cf Éx 34,28) son introducidas por *escucha, Israel* (Dt 6,4). El primer pecado, o mejor, la raíz de todo pecado para Israel, es el olvido de la Palabra: así sucedió en el origen, con la reivindicación de autonomía frente a Dios (cf Gén 3,3-6), así Moisés y los profetas denunciaron, en su reproche severo al pueblo, el abandono de la alianza. «La Palabra de Dios revela también inevitablemente la posibilidad dramática por parte de la libertad del hombre de sustraerse a este diálogo de alianza con Dios, para el que hemos sido creados. La Palabra divina, en efecto, desvela también el pecado que habita en el corazón del hombre».[12]

[12] BENEDICTO XVI, Ex. Ap. postsinodal *Verbum Domini* (30 de septiembre de 2010), 26. Entre los textos bíblicos se pueden citar: por ej. Dt 28,1-2.15.45; 32,1; entre los proféticos cf Jer 7,22-28; Ez 2,8; 3,10; 6,3; 13,2; hasta los últimos: cf Zac 3,8. Para san Pablo cf Rom 10, 14-18; 1Tes 2,13.

En la plenitud de los tiempos la iniciativa de Dios alcanza su plena actuación: la Palabra se ha condensado hasta el punto de hacerse carne y habitar entre nosotros, se ha abreviado hasta el punto de callar en la *hora* decisiva de la Pascua; la creación cede el paso a la redención, que es creación nueva.

El término «contemplación» está presente una sola vez en el Nuevo Testamento. El único texto que recurre a la terminología de la contemplación se refiere a la mirada y al corazón humano fijados sobre Jesucristo crucificado, aquel que ha narrado a Dios a los hombres (cf Jn 1,18). El momento que sucede inmediatamente a la muerte de Jesús se determina con la exclamación del centurión que, a los pies de la cruz, proclama: ¡*Verdaderamente este hombre era justo!* (Lc 23,47). Lucas anota: *Toda la muchedumbre que había acudido a aquel espectáculo* (en griego: *theoría*; en latín: *spectaculum*) *a ver lo que pasaba, se retiraba golpeándose el pecho* (Lc 23,48). El pasaje lucano habla de unidad entre exterioridad e interioridad, de mirada y de arrepentimiento. El acto de ver y el gesto de golpearse el pecho indican una profunda unidad de la persona, unidad que se crea misteriosamente ante el Cristo. El término *theoría* («contemplación») designa, pues, el *«espectáculo concreto... de Jesús de Nazaret "Rey de los judíos" crucificado»*:[13] es Cristo crucificado el centro de la contemplación cristiana.

Consiguientemente, la contemplación es: «Mirada de fe fijada sobre Jesús»,[14] según las simples palabras del campesino de Ars a su santo párroco: «Yo lo miro

[13] G. Dossetti, *L'esperienza religiosa. Testimonianza di un monaco*, en AA.VV., *L'esperienza religiosa oggi*, Vita e Pensiero, Milán 1986, 223.

[14] *Catecismo de la Iglesia Católica*, n 2715.

y él me mira».[15] Santa Teresa de Jesús, del mismo modo, explica: «Como acá si dos personas se quieren mucho y tienen buen entendimiento, aun sin señas parece que se entienden con solo mirarse. Esto debe ser aquí, que sin ver nosotros cómo, de en hito en hito se miran estos dos amantes, como lo dice el Esposo a la Esposa en los Cantares; a lo que creo, lo he oído que es aquí».[16]

La contemplación es, entonces, la mirada del hombre a Dios y *a la obra de sus manos* (cf Sal 8,4). Es, con palabras del beato Pablo VI, «el esfuerzo de fijar en Él la mirada y el corazón, […] y el acto más valioso y más pleno del espíritu».[17]

6. Las personas consagradas están llamadas –tal vez hoy más que nunca– a ser profetas, místicas y contemplativas, a descubrir los signos de la presencia de Dios en la vida cotidiana, a convertirse en interlocutores sabios, que saben reconocer las preguntas que Dios y la humanidad ponen en los surcos de nuestra historia. El gran desafío es la capacidad de «continuar "viendo" a Dios con los ojos de la fe, en un mundo que ignora su presencia».[18]

La vida misma, tal como es, está llamada a convertirse en el lugar de nuestra contemplación. Cultivar la vida interior no debe generar una existencia que se sitúe entre el cielo y la tierra, en el éxtasis y en la iluminación, sino una vida que, en la humilde cercanía a Dios y en la sincera empatía hacia el

---

[15] *Ib.*

[16] Sta. Teresa de Jesús, *Libro de la vida*, 27, 10.

[17] Pablo VI, *Alocución* en la última sesión pública del Concilio Ecuménico Vaticano II, Ciudad del Vaticano (7 de diciembre de 1965).

[18] Juan Pablo II, Ex. Ap. postsinodal *Vita consecrata* (25 de marzo de 1996), 68.

prójimo, crea y realiza en la historia una existencia purificada y transfigurada.

Dietrich Bonhoeffer usa la imagen del *cantus firmus*[19] para explicar cómo el encuentro con Dios permite al creyente contemplar el mundo, los hombres y las tareas a desarrollar con una actitud contemplativa, y esta actitud le permite ver, vivir y degustar en todas las cosas la presencia misteriosa de Dios Trinidad.

El contemplativo une poco a poco, mediante un largo proceso, el trabajar por Dios y la sensibilidad para percibirlo, advierte el rumor de los pasos de Dios en los acontecimientos de la vida cotidiana, se convierte en experto del *susurro de una brisa suave* (1Re 19,12) de la cotidianidad donde el Señor se hace presente.

En la Iglesia la dimensión contemplativa y activa se entrelazan sin que se las pueda separar. La constitución *Sacrosanctum concilium* subraya la naturaleza teándrica de la Iglesia, que es «a la vez humana y divina, visible y dotada de elementos invisibles, entregada a la acción y dada a la contemplación, presente en el mundo y, sin embargo, peregrina; y todo esto de suerte que en ella lo humano esté ordenado y subordinado a lo divino, lo visible a lo invisible, la acción a la contemplación y lo presente a la ciudad futura que buscamos».[20]

Invitamos a volver al principio y fundamento de toda nuestra vida: la relación con el Misterio del Dios vivo, el primado de la vida en el Espíritu, la comunión de amor con Jesús, «el centro de la vida y la fuente

---

[19] D. Bonhoeffer, *Lettera a Renata*, en *Opere di Dietrich Bonhoeffer*, v. 8: *Resistenza e resa*, Queriniana, Brescia 2002, 412.

[20] Concilio Ecuménico Vaticano II, Constitución sobre la Sagrada Liturgia *Sacrosanctum concilium*, 2.

continua de toda iniciativa»,[21] experiencia llamada a ser compartida.[22]

A nosotros, consagrados, nos hará bien recordar que ninguna acción eclesial es evangélicamente fecunda si no *permanecemos íntimamente unidos a Cristo que es la vid* (cf Jn 15,1-11): *Sin mí no podéis hacer nada* (Jn 15,5). Quien no permanece en Cristo no podrá dar nada al mundo, no podrá hacer nada para transformar las estructuras de pecado. Se ocupará afanosamente en muchas cosas, tal vez importantes pero no esenciales (cf Lc 10,38-42), con el riesgo de correr en vano.

El papa Francisco nos anima: «Jesús quiere evangelizadores que anuncien Buena Noticia no solo con las palabras, sino sobre todo con una vida transfigurada por la presencia de Dios [...]. Evangelizadores con Espíritu significa evangelizadores que rezan y trabajan [...]. Es necesario siempre un espacio interior que confiera sentido cristiano al compromiso y a la actividad. Sin momentos prolongados de adoración, de encuentro orante con la Palabra, de diálogo sincero con el Señor, fácilmente las tareas se vacían de significado, se debilitan por el cansancio y las dificultades, y el fervor se apaga. La Iglesia no puede prescindir del pulmón de la oración».[23]

7. En la Iglesia, como *cantus firmus*, los hermanos y las hermanas *exclusivamente contemplativos* son «signo de

---

[21] Congregación para los Institutos de Vida Consagrada y las Sociedades de Vida Apostólica, Instrucción *Caminar desde Cristo. Un renovado compromiso de la vida consagrada en el Tercer Milenio* (19 de mayo de 2002), 22.

[22] Juan Pablo II, Ex. Ap. postsinodal *Vita consecrata* (25 de marzo de 1996), 16.

[23] Papa Francisco, Ex. Ap. *Evangelii gaudium* (24 de noviembre de 2013), 259; 262.

la unión exclusiva de la Iglesia-Esposa con su Señor, profundamente amado»[24], pero esta carta no está dedicada exclusivamente a ellos. Invitamos a profundizar juntos la dimensión contemplativa en el corazón del mundo, fundamento de toda vida consagrada y verdadera fuente de fecundidad eclesial. La contemplación pide a la persona consagrada proceder con nuevas modalidades del espíritu:

– Un nuevo modo de entrar en relación con Dios, consigo mismos, con los otros y con la creación, que *de Él lleva significación*.[25] La persona contemplativa atraviesa todas las barreras hasta llegar a la fuente, a Dios; abre los ojos del corazón para poder *mirar, considerar* y *contemplar* la presencia de Dios en las personas, en la historia y en los acontecimientos.

– Un encuentro personal con el Dios de la historia, que en la persona de su Hijo *vino a habitar en medio de nosotros* (cf Jn 1,14), y se hace presente en la historia de cada persona, en los acontecimientos cotidianos y en la obra admirable de la creación. La persona contemplativa no ve la vida como un obstáculo, sino como un espejo que refleja místicamente el *Espejo*.[26]

– Una experiencia de fe que supera la proclamación oral del credo, dejando que las verdades contenidas en él se conviertan en práctica de vida. La persona contemplativa es ante todo una persona creyente, de fe, de una *fe encarnada* y no de una *fe-laboratorio*.[27]

---

[24] JUAN PABLO II, Ex. Ap. postsinodal *Vita consecrata* (25 de marzo de 1996), 59.
[25] S. FRANCISCO DE ASÍS, *Cántico de las Criaturas*, 4.
[26] Cf STA. CLARA, *Cuarta carta a la beata Inés de Praga*, en *FF*, 2901-2903.
[27] Cf A. SPADARO, *Intervista a Papa Francesco*, en La Civiltà Cattolica 164 (marzo de 2013) 474.

– Una *relación de amistad,* un *tratar de amistad,*[28] como afirma la primera mujer doctora de la Iglesia, santa Teresa de Jesús; don de un Dios que desea comunicarse en profundidad con el hombre, como verdadero amigo (cf Jn 15,15). Contemplar es gozar de la amistad del Señor en la intimidad de un Amigo.

– Una inmersión en la búsqueda apasionada de un Dios que habita en nosotros y se pone en continua búsqueda en el camino de los hombres. La persona contemplativa comprende que el yo personal registra la distancia entre Dios y ella misma, y por eso no cesa de ser *mendicante* del Amado, buscándolo en el lugar justo, en lo profundo de sí misma, santuario donde Dios habita.

– Una apertura a la revelación y a la comunión con el Dios vivo por Cristo en el Espíritu Santo.[29] La persona contemplativa se deja colmar por la revelación y transformar por la comunión, se convierte en el icono luminoso de la Trinidad y deja transparentar en la fragilidad humana «el atractivo y la nostalgia de la belleza divina».[30] Esto se desarrolla en el silencio de la vida, donde callan las palabras dejando que hable la mirada, llena del estupor del niño; que hablen las manos abiertas que comparten en el gesto de la madre que no espera nada a cambio; que hablen los pies del *mensajero* (Is 52,7), capaces de atravesar fronteras para anunciar el Evangelio.

---

[28] STA. TERESA DE JESÚS, *Libro de la vida,* 8, 5.

[29] Cf CONGREGACIÓN PARA LOS INSTITUTOS DE VIDA CONSAGRADA Y LAS SOCIEDADES DE VIDA APOSTÓLICA, *La dimensión contemplativa de la vida religiosa* (Plenaria, marzo de 1980), 1.

[30] JUAN PABLO II, Ex. Ap. postsinodal *Vita consecrata* (25 de marzo de 1996), 20.

La contemplación no justifica, pues, una vida mediocre, repetitiva, tediosa. «Solo Dios basta» para aquellos que siguen a Jesús: es la dimensión intrínseca e indispensable de esta elección. Con «el corazón vuelto hacia el Señor»[31] han caminado los contemplativos y los místicos de la historia del cristianismo. Para las personas consagradas el seguimiento de Cristo es siempre un *seguimiento contemplativo*, y la contemplación es plenitud de un *seguimiento* que transfigura.

[31] Cf S. Francisco de Asís, *Regla no bulada*, 19.25.

# BUSCAR

*«¿Habéis visto al amor de mi alma?»*

(Cantar de los cantares 3,3)

## A la escucha

8. Amar significa estar dispuestos a vivir el aprendizaje cotidiano de la búsqueda. La dinámica de la búsqueda atestigua que ninguno se basta a sí mismo, exige encaminarse por un éxodo hacia lo profundo de nosotros mismos atraídos por aquella «tierra sagrada que es el otro»,[32] para fusionarse con Él en la comunión. El otro, con todo, es Misterio, está siempre más allá de nuestros deseos y de nuestras expectativas, no es previsible, no pide posesión sino cuidado, custodia y espacio de florecimiento para su libertad. Si esto vale para la criatura humana vale tanto más para Dios, misterio de libertad suma, de relación dinámica, de plenitud cuya grandeza nos supera, cuya debilidad, manifestada a través de la Cruz, nos desarma.

El amor del Cantar de los cantares es lucha y fatiga, precisamente como la muerte (*mawet*, Cant 8,6), no es

---

[32] Cf FRANCISCO, Ex. Ap. *Evangelii gaudium* (24 de noviembre de 2013), 169.

35

idealizado sino cantado con la conciencia de sus crisis y de sus quebrantos.

La búsqueda comporta fatiga, pide levantarse y ponerse en camino, pide asumir la oscuridad de la «noche». La noche es ausencia, separación o alejamiento de *aquel que el corazón ama,* y el aposento de la esposa; el lugar de descanso y de sueños se transforma en prisión y lugar de pesadillas y de tormentos (cf Cant 3,1). La esposa, protagonista principal del drama, busca al amado, pero Él está ausente. Es necesario buscarlo, salir *a las calles y a las plazas* (Cant 3,2). Desafiando los peligros de la noche, la esposa, devorada por el deseo de volver a abrazarlo, lanza la eterna pregunta: *¿Habéis visto al amor de mi vida?* (Cant 3,3). Es la pregunta gritada en el corazón de la noche, que suscita el gozo del recuerdo del Amado y reabre la herida de una lejanía insoportable. La esposa no logra dormir.

La noche se torna protagonista en el capítulo 5 del Cantar: la joven está en su aposento, su amado le llama y le pide que le deje entrar, pero ella vacila y él se marcha (Cant 5,2-6). ¿Dinámica de incomprensión entre los dos o sueño que se transforma en terrible pesadilla? El texto prosigue con una nueva búsqueda que tiene el sabor de una gran prueba no solo emotiva y afectiva, sino también física, porque la esposa, que enfrenta sola la noche, es golpeada por los guardias herida y despojada de su manto (Cant 5,7). El amor desafía la noche y sus peligros, es más grande que todo miedo: *En el amor no hay temor, por el contrario, el amor perfecto desecha el temor* (1Jn 4,18).

La mujer, en la búsqueda del esposo elabora un conocimiento personal de su sentimiento. Escruta su intimidad y se descubre *enferma de amor* (Cant 2,5; 5,8). Esta enfermedad expresa la «alteración» de la propia condición, es decir que, del encuentro con el amado, se siente irreversiblemente marcada, «alterada», o sea transformada en «otra», dedicada, consagrada al otro que llena de sentido sus días. Tal es la condición de quien ama de veras.

Solo quien supera la fatiga de la noche con el nombre del amado en los labios y su rostro impreso en el corazón, seguro del vínculo que los une, puede gustar la fresca alegría del encuentro. El fuego del amor pone en relación vehemente a los dos enamorados que, superado el invierno de la soledad, degustan la primavera de la comunión compitiendo mutuamente para celebrar con pasión y poesía la belleza del otro.

### El aprendizaje cotidiano de la búsqueda

9. «*Faciem tuam, Domine, requiram*: Tu rostro buscaré, Señor (Sal 26,8). Peregrino en busca del sentido de la vida y envuelto en el gran misterio que lo circunda, el hombre busca, a veces de manera inconsciente, el rostro del Señor. *Señor, enséñame tus caminos, instrúyeme en tus sendas* (Sal 24,4): nadie podrá quitar nunca del corazón de la persona humana la búsqueda de Aquel de quien la Biblia dice *Él lo es todo* (Sir 43,27), como tampoco la de los caminos para alcanzarlo».[33]

---

[33] Congregación para los Institutos de Vida Consagrada y las Sociedades de Vida Apostólica, Instrucción *El servicio de la autoridad y la obediencia. Faciem tuam, Domine, requiram* (11 de mayo de 2008), 1.

La búsqueda de Dios une a todos los hombres de buena voluntad; también cuantos se profesan no creyentes confiesan este anhelo profundo del corazón.

El papa Francisco ha indicado en diversas ocasiones la dimensión contemplativa de la vida como un entrar en el misterio. «La contemplación es inteligencia, corazón, rodillas»,[34] «capacidad de estupor; capacidad de escuchar el silencio o sentir el susurro de un hilo de silencio sonoro en el cual Dios nos habla. Entrar en el misterio nos solicita a no tener miedo de realidad: no cerrarnos en nosotros mismos, no huir ante aquello que no entendemos, no cerrar los ojos ante los problemas, no negarlos, no eliminar los interrogantes […], ir más allá de las propias y cómodas seguridades, más allá de la pereza y la indiferencia que nos frenan, y ponerse en búsqueda de la verdad, de la belleza y del amor, buscar un sentido no descontado, una respuesta no banal a las preguntas que ponen en crisis nuestra fe, nuestra fidelidad y nuestra razón».[35]

10. Entrar en el misterio comporta una búsqueda continua, la necesidad de ir más allá, de no cerrar los ojos, de buscar respuestas. El ser humano está continuamente en tensión hacia una mejora, perennemente en camino, en búsqueda. Y no falta el riesgo de vivir narcotizados por emociones fuertes, continuamente insatisfechos. Por eso nuestro tiempo es un tiempo de naufragio y de caída, de indiferencia y de pérdida de gusto. Es

[34] FRANCISCO, *Inteligencia, corazón, contemplación*, Meditación matutina en la capilla de la Domus Sanctae Marthae, martes, 22 de octubre de 2013, en *L'Osservatore Romano* CLIII, 243, Roma (23 de octubre de 2013).

[35] FRANCISCO, *Homilía* en la Vigilia de Pascua en la Noche Santa, Basílica Vaticana (sábado, 4 de abril de 2015).

indispensable ser conscientes de este malestar que consume, interceptar los sonidos del alma postmoderna y despertar en nuestra fragilidad el vigor de las raíces, para hacer memoria en el mundo de la vitalidad profética del Evangelio.

La vida cristiana «exige y comporta una transición, una purificación, una elevación moral y espiritual del hombre; o sea, exige la búsqueda, el esfuerzo hacia una condición personal, un estado interior de sentimientos, de pensamientos, de mentalidad, y exterior de conducta, y una riqueza de gracia y de dones que llamamos perfección».[36] Corriendo hacia metas de ocasión, el consumismo, las modas, los poderes y deseos, obligados a encontrar experiencias siempre nuevas, estamos en búsqueda de deseos, nunca satisfechos: en nuestros días hombres y mujeres, en esta búsqueda de lo ilusorio, topan con la desesperación que cierra la vida y la apaga.

Ya san Agustín hacía un inteligente diagnóstico evidenciando que los hombres no siempre son capaces de dar el salto cualitativo que incita a los hombres a ir más allá, a buscar el infinito, porque «caen en lo que simplemente pueden, y con ello se contentan. Pero es que no quieren con la vehemencia que les permitiría conseguirlo».[37]

En esta niebla de la conciencia y de los afectos, la experiencia, a veces trágica, del presente despierta la necesidad del encuentro liberador con el Dios vivo; estamos llamados a ser interlocutores sabios y

[36] Pablo VI, Audiencia general, Ciudad del Vaticano (7 de agosto de 1968).
[37] S. Agustín, Confesiones X, 23, 33.

pacientes de estos *gemidos inenarrables* (cf Rom 8,26-27) para que no se apague la nostalgia de Dios que arde bajo las cenizas de la indiferencia.

Frente a este resurgimiento de la búsqueda de lo sagrado no se puede ignorar cómo –también entre aquellos que se profesan cristianos– la fe aparece reducida a breves paréntesis religiosos que no tocan los problemas cotidianos. La fe resulta extraña a la vida. Dios no es necesario, no está dentro de la vida cuanto lo están la familia, los amigos, los afectos más intensos, el trabajo, la casa, la economía. Esta separación puede afectar también nuestra vida consagrada.

## Peregrinos en profundidad

11. «Si el hombre es esencialmente un caminante, ello significa que está en camino hacia una meta de la cual podemos decir al mismo tiempo y contradictoriamente que la ve y no la ve. Pero la inquietud es justamente como el resorte interno de este progresar»,[38] incluso en el tiempo del poder técnico y de sus ideales «el hombre no puede perder ese aguijón sin inmolarse y morir».[39]

Es solo Dios el que suscita la inquietud y la fuerza de la pregunta, el insomnio que precede a la preparación al levantarse para partir. Es la fuerza motriz del camino, la inquietud ante las preguntas suscitadas por la vida que impulsa al hombre en la peregrinación de la búsqueda.

---

[38] G. MARCEL, *Homo viator. Prolégomènes à une métaphysique de l'espérance*, Aubier, París 1944, 26 [trad. nuestra].
[39] *Ib.*

En la raíz de la vida cristiana está el movimiento fundamental de la fe: encaminarse hacia Jesucristo para centrar la vida en él. Un éxodo que lleva a conocer a Dios y su Amor. Una peregrinación que conoce la meta. Un cambio radical de nómadas a peregrinos. El ser peregrinos invita al movimiento, a la actividad, al compromiso. El camino a recorrer implica riesgo, inseguridad, apertura a la novedad, a los encuentros inesperados.

El peregrino no es simplemente quien se traslada de un lugar a otro, no delega la búsqueda de la meta, sabe dónde quiere llegar, tiene un punto de llegada que atrae su corazón y espolea tenazmente su paso. No nutre solo una vaga búsqueda de felicidad, sino que mira a un punto preciso, que conoce o al menos vislumbra, del cual tiene noticia y por el cual se ha decidido a partir. La meta del cristiano es Dios.

*Quaerere Deum*

12. San Benito, el incansable buscador de Dios, sostiene que el monje no es aquel que ha encontrado a Dios: es aquel que lo busca durante toda su vida. En la Regla pide que se examinen las motivaciones del joven monje para asegurarse en primer lugar *si revera Deum quaerit*, «si verdaderamente busca a Dios».[40]

Este es el paradigma de la vida de todo cristiano, de toda persona consagrada: la búsqueda de Dios, *si revera Deum quaerit*. La palabra latina *quaerere* no significa únicamente «buscar, ir en búsqueda de algo, esfor-

---

[40] S. Benito, *Regla*, 58, 7.

zarse por obtener», sino también «interrogar, plantear una pregunta». El ser humano es aquel que pregunta y busca incesantemente. Buscar a Dios, por lo tanto, significa no cansarse nunca de preguntar, como la esposa del Cantar: *¿Habéis visto al amor de mi alma?* (Cant 3,3).

El *nexo de unión* en la narración del Cantar está en el tema de la búsqueda amorosa, de la presencia saboreada después de la amargura de la ausencia, del alba acogida después de la noche, del olvido de sí vivido como una condición para encontrar al Otro.

El primer grado del amor es el del amor que busca. El deseo y la búsqueda son las experiencias dominantes, y el otro es percibido como la ausente Presencia. Los esposos del Cantar se presentan como mendigos de amor, ardientes buscadores del amado.

Buscar a Dios significa ponerse en relación con Él y permitir que tal Presencia interrogue nuestra humanidad. Esto supone que nunca estemos satisfechos de lo que hemos alcanzado. Dios nos pregunta incesantemente: *¿Dónde estás?* (Gén 3,9). La búsqueda de Dios exige humildad: nuestra verdad es revelada por la luz del Espíritu y en ella reconocemos que es Dios quien nos busca primero.

«El corazón inquieto es el corazón que no se conforma en definitiva con nada que no sea Dios, convirtiéndose así en un corazón que ama. […] Pero no solo estamos inquietos nosotros, los seres humanos, con relación a Dios. El corazón de Dios está inquieto con relación al hombre. Dios nos aguarda. Nos busca. Tampoco él descansa hasta dar con nosotros. El corazón de Dios está inquieto […]. Dios está inquieto por nosotros, busca personas que se dejen contagiar de su misma inquietud, de su pasión por nosotros. Personas que lleven consigo esa búsqueda que hay en sus corazones y, al mismo tiempo, que dejen que sus corazones sean tocados por nuestra búsqueda de Dios».[41]

La razón de nuestra búsqueda nos conduce al Amor que antes nos ha buscado y tocado, mientras reconoce su sello. Puede suceder que la renuncia a buscar haga callar en nosotros la voz que llama a su realización. Puede suceder que nos detengamos a gozar de los esplendores que encandilan, satisfechos del pan que satisface el hambre de un día, repitiendo en nosotros la elección inicial del *hijo perdido* (cf Lc 15,11-32).

Puede suceder que el horizonte se restrinja, mientras el corazón no espera ya a *aquel que viene*. Pero Dios viene siempre, hasta que el primado del Amor no se establezca en nuestra vida. Reaparece la dinámica del Cantar, el juego de la búsqueda: no podemos imaginar encontrar a Dios de una vez para siempre.

## La búsqueda en la noche

13. *En mi lecho, por la noche, busqué el amor de mi alma, lo busqué y no lo encontré* (Cant 3,1). La lectura del Cantar nos envuelve en el idilio de un amor de ensueño, mientras introduce el sufrimiento reiterado y vivo del alma enamorada. El amor, cuando es experiencia que transforma y no un encuentro efímero y breve, invita a vivir la posibilidad de la ausencia del amado y a veces el destierro, la ruptura o la separación. De tal posibilidad

---

[41] Benedicto XVI, *Homilía* de la solemnidad de la Epifanía del Señor, Basílica Vaticana (6 de enero de 2012).

nacen la espera y la búsqueda recíproca y constante. Un grito del alma nunca satisfecho. El Cantar nos pone ante un tiempo de crisis y de confrontación, el momento en el cual uno se reconoce y acepta después del fuego y la pasión de los comienzos. Es el momento de amar de un modo diferente. La lejanía se vuelve búsqueda, mientras la nostalgia que atormenta y hiere se convierte en necesario alimento para el amor.

## El deseo

14. El amor a Dios mantiene necesariamente esta línea de deseo. Dios es invisible, está siempre más allá de todo, nuestra búsqueda de Él no está nunca totalmente satisfecha. La suya es una presencia evasiva: «Dios es Aquel que nos busca y al mismo tiempo el que se hace buscar. Es Aquel que se revela y al mismo tiempo se esconde. Es Aquel del cual valen las palabras del salmo: *Es tu rostro, Señor, lo que yo busco* (Sal 26,8), y tantas otras palabras de la Biblia, como las de la esposa del Cantar: *En mi lecho, por la noche, busqué el amor de mi alma, lo busqué y no lo encontré. Me levanté y recorrí la ciudad, calles y plazas; busqué el amor de mi alma, lo busqué y no lo encontré* (3, 1-4). […] Invitados por las palabras del Cantar –*lo busqué y no lo encontré*–, nos ponemos ante el problema del ateísmo, o mejor de la ignorancia de Dios. Ninguno de nosotros está lejos de dicha experiencia: hay en nosotros un ateo en potencia que grita y susurra todos los días sus dificultades para creer».[42]

[42] C. Mª MARTINI, *La tentazione dell'ateismo*, en Il Corriere della Sera (16 de noviembre de 2007) [trad. nuestra].

«*Si comprehendis, non est Deus*»,[43] escribe Agustín: o sea, «si crees haberlo comprendido, ya no es Dios». La categoría de la búsqueda salvaguarda la distancia entre la creatura en búsqueda y el Creador: distancia esencial porque el buscado no es objeto, sino es, también Él, un sujeto, aún más, es el verdadero sujeto, porque es aquel que primero ha buscado, llamado y amado primero, suscitando el deseo de nuestro corazón.

Nuestra búsqueda está llamada a la humildad, puesto que reconocemos en nosotros mismos la presencia de los «ateos potenciales», experimentamos la dificultad de creer, reconocemos en nosotros aquella soberbia auto-suficiente y, a veces arrogante, que nos separa de los otros y nos condena. Buscar a Dios requiere atravesar la noche y también permanecer largamente en ella. Descubrir la fuerza de la belleza de un camino de fe que sepa detenerse ante la oscuridad de la duda, sin la pretensión de ofrecer soluciones a toda costa. La fe vivida nos permitirá igualmente testimoniar a Cristo con el lenguaje humilde de quien ha aprendido a habitar la noche y a vivir sus preguntas.

La noche es en la Escritura el tiempo de la dificultad, de la lucha interior y del combate espiritual, como le pasó a Jacob en el Yaboc (Gén 32,25). Es de noche cuando Nicodemo se acerca a Jesús, a escondidas por miedo de los judíos (Jn 3,2); es de noche cuando Judas se pierde y se sustrae a la amistad vital con Cristo saliendo del cenáculo (Jn 13,30); es de noche cuando María Magdalena va al sepulcro (Jn 20,1) y sabe reconocer la voz del Amado (cf Jn 20,11-18), como la esposa

---

[43] S. Agustín, *Sermón 52*, 16.

del Cantar de los cantares (Cant 2,8). La noche es un tiempo de deseo que se transforma en encuentro si está atravesado sin dudar por el amor.

La fe humilde acepta que la travesía oscura hacia el alba no signifique el paso de la búsqueda a la posesión, sino que conduzca de la fragmentación que disipa el espíritu a la experiencia unificadora del Resucitado. La vida adquiere dirección, sentido, mientras día tras día, oración tras oración, prueba tras prueba, se realiza la peregrinación hacia la respuesta definitiva, hacia la paz del alma.

En nuestro tiempo, marcado por fragilidades e inseguridades, la contemplación puede desligarse de la fe, apareciendo únicamente como «lugar» de quietud, de reposo, como espacio emotivo, como satisfacción de una búsqueda de uno mismo que elude compromiso y sufrimiento. La Palabra de Dios, la lectura de algunas experiencias de santidad atravesadas por el dolor o por la «noche de la fe», nos ayuda a evitar la tentación de evadir la dureza del camino humano.

*La esperanza*

15. La noche, símbolo oscuro y sombrío, se convierte en imagen cargada de esperanza en el contexto de la espiritualidad bíblica y cristiana. La historia del Espíritu discurre en la noche que prepara el día radiante y espléndido, el día de la luz. El pasaje a través de la noche oscura está marcado por la disolución de las seguridades para nacer a una vida nueva. Se entra en la luz a través de las tinieblas, a la vida a través de la

muerte, al día a través de la noche, lo cual requiere una vida de fe. Un tiempo en el que la persona sea invitada a permanecer en Dios. Es el tiempo en el cual los que buscan son invitados a pasar de la experiencia de ser amados por Dios a la de amar a Dios simplemente porque es Dios.

San Juan de la Cruz ha definido la «noche oscura» como la experiencia espiritual en la que se alternan turbación, aridez, impotencia, dolor y desesperación; una noche del espíritu de los sentidos, un paso hacia la perfecta unión de amor con Dios. Teresa de Ávila, en plena reforma del Carmelo, narra: «Todas las mercedes que me había hecho el Señor se me olvidaban. Solo quedaba una memoria como cosa que se ha soñado, para dar pena. Porque se entorpece el entendimiento de suerte, que me hacía andar en mil dudas y sospecha, pareciéndome que yo no lo había sabido entender y que quizá se me antojaba y que bastaba que anduviese yo engañada sin que engañase a los buenos. Parecíame yo tan mala, que cuantos males y herejías se habían levantado me parecía que eran por mis pecados».[44]

Numerosos son los ejemplos, desde Francisco de Asís a Teresa de Lisieux, desde Gema Galgani a Bernardita Soubirous, desde el Padre Pío a Teresa de Calcuta que escribe: «Hay tanta contradicción en mi alma, un profundo anhelo de Dios, tan profundo que produce dolor, un sufrimiento continuo –y con esto el sentimiento de no ser amada por Dios, rechazada, vacía, sin fe, sin amor, sin celo–. El cielo no significa nada para

[44] STA. TERESA DE ÁVILA, *Libro de la vida*, 30, 8.

mí, se me presenta como un lugar vacío».[45] La tiniebla se convierte en lugar del amor sometido a prueba, de la fidelidad y de la misteriosa cercanía de Dios.

*O vere beata nox*, «Oh noche amable más que la alborada»,[46] cantamos en la noche de Pascua, y anunciamos la resurrección y la victoria. La noche se convierte en tiempo y camino para la venida del Esposo que se une con nosotros, y en el abrazo transforma el alma, como canta el místico español:

¡Oh noche que me guiaste!
¡Oh noche amable más que la alborada!
¡Oh noche que juntaste
Amado con amada,
amada en el Amado transformada![47]

---

[45] Beata Teresa de Calcuta, *Vieni e sii la mia luce*, BUR, Milán 2009 [trad. nuestra].

[46] Misal Romano, *Pregón pascual*.

[47] S. Juan de la Cruz, *Poesías*, V, «La noche oscura», 5-8.

# HABITAR

*«Mi amado es mío y yo de mi amado».*

(Cantar de los cantares 2,16)

**A la escucha**

16. El Cantar de los cantares se entreteje entre la dicotomía de la búsqueda y del hallazgo, en una armoniosa epifanía de encuentro y de contemplación recíproca según un *registro* lingüístico muy preciso: el de la *alabanza*. La alabanza involucra todo el cuerpo, lugar concreto de relación con el otro: labios, dientes, mejillas, cuello, cabellos, senos, manos, piernas y, en particular, los ojos que lanzan señales de amor, hasta el punto en que son comparados con *palomas* (Cant 1,15; 4,1; 5,12).

La plenitud del corazón se expresa a través del lenguaje conmemorativo de los cuerpos. El elogio de la belleza del cuerpo es leído a través del lenguaje de la naturaleza, de las construcciones, de la orfebrería de las emociones. El universo confluye en el cuerpo de quien se ama, y la persona amada aparece presente en el universo. La palabra se consagra al amor y aparece el léxico de la comunión. El amor se convierte en un diálogo continuo y vivaz que capta la belleza y la celebra. A la alabanza del esposo: *¡Qué* *bella eres, amor mío, qué bella eres!* (Cant 1,15), sigue la de la esposa: *¡Qué hermoso eres amado mío, eres pura delicia!* (Cant 1,16). Estas palabras «de bendición» sanan las heridas producidas por el lenguaje de la acusación, evidente en la relación entre el hombre y la mujer después del pecado original (cf Gén 3,12), y permiten el restablecimiento de la igualdad, de la reciprocidad y de la mutua pertenencia: *Mi amado es mío y yo de mi amado* (Cant 2,16), *Mi amado es mío y yo de mi amado* (Cant 6,3), *Yo soy para mi amado, objeto de su deseo* (Cant 7,11), expresión que parece poner fin al castigo divino expresado en el Génesis (3,16). El lenguaje del elogio y de felicitación crea una armonía relacional que se refleja también en la creación, la cual no está nunca separada de las vicisitudes humanas (cf Rom 8,22-23) y sintoniza con el corazón humano festivo gracias a una danza de colores, de perfumes, de sabores y de sonidos.

También Dios, fascinado por su criatura, la reviste de elogios, como hace con María cuando la saluda con el apelativo *llena de gracia (kecharitoméne,* Lc 1,28), proclamándola así como una obra de arte de belleza. La criatura responde con el *Magníficat* (Lc 1,46-55), introduciendo en la historia la fuerza de la alabanza que dilata el corazón humano y lo introduce en una relación auténtica con Dios.

17. La palabra que brota para liberar el amor tiende al encuentro, a la unión. El Cantar de los cantares se abre con el deseo que florece en los labios de la esposa, protagonista principal del drama, y manifiesta el deseo de encontrarse con el amado, físicamente ausente pero presente en el corazón y en los pensamientos. La boca

del esposo se convierte en una fuente en la que saciar la sed y embriagarse: *¡Que me bese con los besos de su boca! Mejores son que el vino tus amores, qué suaves el olor de tus perfumes; tu nombre ese aroma penetrante, por eso te llaman las doncellas* (Cant 1,2-3). Los besos del esposo *(dodîm)* son calificados como *tôbîm,* «buenos», o sea, presentan la cualidad constitutiva de todo aquello que ha salido de las manos del Creador (cf Gén 1,4), acordes con el designio divino originario. Ellos representan una *liturgia de comunión,* un acceso a la respiración del otro, un gozo superior a la embriaguez que genera el vino: *disfrutemos juntos y gocemos, alabemos tus amores más que el vino* (Cant 1,4). Frente al amado no nos podemos resistir, porque el amor es una realidad ineludible; es tan fuerte que puede compararse solo con la *muerte* (Cant 8,6), una realidad con la increíble fuerza atractiva que lleva a los dos a ser una sola cosa.

18. Esto vale tanto para la vida conyugal (cf Gén 2,24) como para la vida consagrada que vive, de modo semejante, el dinamismo del amor esponsal con Cristo (cf 1Cor 6,17). Ella, en efecto, florece en el amor, un amor que fascina, embriaga los deseos más profundos, toca lo más profundo del ser, solicita el deseo del don. Nace como respuesta de amor a un Dios que se entregó sin reservas, respuesta a un amor gratuito que no se posee sino que se acoge. «Tal amor abarca a toda la persona, espíritu y cuerpo, sea hombre o mujer, en su único e irrepetible "yo" personal. Aquel que, dándose eternamente al Padre, se "da" a sí mismo en el misterio de la Redención, ha llamado al hombre para que éste, a su vez, se entregue enteramente a un par-

ticular servicio, a la obra de la Redención mediante su pertenencia a una Comunidad fraterna, reconocida y aprobada por la Iglesia».[48]

Esa dinámica de búsqueda y de unión es un recorrido nunca acabado en plenitud. A la persona llamada se le abre el camino de la conversión y de la oración. En ellas el deseo se hace transformación y purificación, alabanza y forma en la Belleza que atrae y une. «Este conocimiento cálido y profundo de Cristo se realiza y profundiza cada día más, gracias a la vida de oración personal, comunitaria y litúrgica».[49]

## Siguiendo la forma de la Belleza

19. En el corazón de la identidad cristiana, como fuerza que plasma su forma está la revelación de Dios, como creación y salvación, esplendor manifestado de una vez para siempre en Cristo y en su Pascua. En el Hijo y en su vida terrena Dios actúa con la intención de hacerse conocer y de revelar la criatura a sí misma: «Estamos marcados por Dios en el Espíritu. Como, en efecto, morimos en Cristo para renacer, así también somos sellados por el Espíritu para poder llevar su esplendor, su imagen y su gracia».[50]

Resuena en estas palabras el reconocimiento recíproco de los orígenes. Dios expresa a la criatura humana su complacencia: *Vio cuanto había hecho y todo estaba muy bien* (Gén

[48] Juan Pablo II, Ex. Ap. *Redemptionis donum* (25 de marzo de 1984), 3.
[49] *Ib*, 8.
[50] S. Ambrosio, *El Espíritu Santo*, I, 6, 79.

1,31). La une consigo mediante un amor que la reconoce bella: *¡Qué bella eres, amor mío, qué bella eres!* (Cant 1,15); amor absoluto e inextinguible: *Yo soy para mi amado, objeto de su deseo* (Cant 7,11).

Detenemos la mirada contemplativa en el misterio de la Belleza, del que somos expresión. La tradición de Occidente y la de Oriente nos introducen y nos iluminan en la forma cristiana de la belleza, su unicidad, su significado último. En la dolorosa exclamación de las *Confesiones*: «¡Tarde te amé, hermosura tan antigua y tan nueva!»,[51] encontramos el grito del alma humana de todos los tiempos. Resuena en ella la necesidad de un camino que conduzca de la belleza a la Belleza, de lo penúltimo al Último, para volver a encontrar el sentido y la medida de todo lo que existe en el fondo de toda belleza: «Tú estabas dentro de mí y yo fuera, y por fuera te buscaba; y deforme como era me lanzaba sobre estas cosas hermosas que tú creaste [...]. Pero tú me llamaste y llamaste hasta romper finalmente mi sordera. Con tu fulgor espléndido pusiste en fuga mi ceguera».[52]

20. La Iglesia, en el canto de las vísperas del tiempo cuaresmal y de la Semana Santa introduce el Salmo 44 con dos textos de la Escritura que parecen contraponerse. La primera clave interpretativa reconoce a Cristo como el más bello entre los hombres: *Eres el más hermoso de los hombres, la gracia se derrama por tus labios* (Sal 44). La gracia derramada de los labios indica la belleza interior de su palabra, la gloria de la Verdad, la belleza de Dios que nos atrae y nos produce la herida del Amor. La

[51] S. AGUSTÍN, *Confesiones*, X, 27, 38.
[52] *Ib.*

Iglesia Esposa nos hace caminar hacia el Amor que ha impreso en nosotros su forma. Vivimos en la forma de la belleza, no como nostalgia estética, sino como referencia primera a la verdad que nos habita: *El Señor será tu luz eterna, y tu Dios, tu esplendor* (Is 60,19; cf Sab 8,2).

El segundo texto de la Escritura nos invita a leer el mismo salmo con una clave interpretativa diferente, refiriéndolo a Isaías: *No tenía apariencia ni presencia; y no tenía aspecto que pudiésemos estimar* (Is 53,2). ¿Cómo se pueden poner de acuerdo ambas cosas? *El más hermoso de los hombres* tiene un aspecto miserable, tanto que no podemos ni mirarlo. Pilatos lo presenta a la muchedumbre diciendo: *Ecce homo* (Jn 19,5), para suscitar piedad hacia el Hombre desfigurado y abofeteado. Hombre sin rostro.

21. «¿Un Jesús feo y deforme? ¿Un Jesús bello y más agradable que cualquier otro hombre? Sí, lo dicen dos trompetas que suenan en modo diferente, pero con un mismo Espíritu que sopla dentro. La primera trompeta dice: *Bello en su rostro más que los hijos de los hombres*; y la segunda, con Isaías, dice: *Lo hemos visto: no tenía belleza ni parecer... No renuncies a sentir las dos, trata en cambio de escucharlas y comprenderlas*».[53] San Agustín compone las contraposiciones –no contradicciones– manifestando el esplendor de la verdadera Belleza, la misma Verdad. Quien cree en Dios que se ha manifestado como amor *hasta el final* (Jn 13,1) en el cuerpo torturado de Cristo crucificado, sabe que la belleza es verdad y la verdad es belleza. En Cristo sufriente, sabe también que la belleza de la verdad incluye la ofensa

---

[53] S. AGUSTÍN, *Comentario a la primera carta de Juan*, 9, 9.

y el dolor hasta el oscuro misterio de la muerte. En la aceptación del dolor, sin ignorarlo, puede realizarse nuestro encuentro con la Belleza, también cuando unos ojos débiles o un corazón herido por el mal son incapaces de captar su trama misteriosa y fecunda.[54]

22. Es el Verbo encarnado la vía para la Belleza última: «Cristo, nuestra vida, bajó acá para llevarse nuestra muerte y matarla con la abundancia de su vida; con tonante voz nos llamó para que volviéramos a Él».[55] El Verbo Jesús nos conduce a la fuente de la belleza, nos atrae con lazos de amor: *¡Qué hermoso eres, amor mío, eres pura delicia!* (Cant 1,16). La belleza recorre un segundo movimiento: el amor como respuesta. Dicho amor se mueve, para encontrar, para contemplar; emprender el viaje suscitado por el amor que viene a nosotros como gracia y libertad.

Nos invita a caminar hacia el encuentro y a habitar en él, mientras Dios nos restituye a la identidad bella: *Cuando Moisés bajó del monte Sinaí* [...] *no sabía que la piel de su rostro se había vuelto radiante, por haber hablado con Yavé* (Éx 34,29).

23. La tradición mística custodia la belleza en silencio, no desea violarla. La vía de la belleza requiere destierro, retiro, tensión que unifica. Es la línea que une la teología monástica con el gran florecimiento de la mística entre los finales de la Edad Media y los albores de la Edad moderna.

---

[54] Cf J. Ratzinger, *La corrispondenza del cuore nell'incontro con la Bellezza*, en 30 Giorni 9 (septiembre de 2002) 87.

[55] S. Agustín, *Confesiones*, IV, 12, 19.

Viene a la memoria la afirmación del Pseudo Dionisio Areopagita: «También en Dios el *eros* es extático, en cuanto que no permite que los amantes se pertenezcan a sí mismos, sino solo al amado [...]. Por eso también Pablo, el grande, totalmente ganado por el eros divino, y habiendo llegado a participar de su fuerza extática, grita con voz inspirada: "No soy ya yo quien vive, es Cristo quien vive en mí". Habla como un verdadero amante, como uno que, según sus mismas palabras, ha salido extáticamente de sí para entrar en Dios y no vive más con vida propia, sino con la del amado infinitamente amable».[56]

La divinización comienza ya en la tierra, la criatura es transfigurada y el reino de Dios inaugurado: el esplendor de Dios en la forma eclesial del *ordo amoris* arde en el humano como existencia y nuevo estilo de vida. *Esta vida en la carne, la vivo en la fe del Hijo de Dios que me amó y se entregó por mí* (Gál 2,20).

24. La belleza es éxtasis. No la alcanza sino quien se pierde, quien acepta realizar un viaje interior que paradójicamente conduce fuera del propio yo en el movimiento del amor: *Mi amado es mío y yo de mi amado* (Cant 2,16); *Mi amado es mío y yo de mi amado* (Cant 6,3). La experiencia que nos relaciona con el Señor, deseada y buscada, se convierte en lugar teologal en el que el alma se reconoce a sí misma y encuentra morada: «Dios mío, yo os contemplo en el cielo de mi alma, y me abismo en Vos».[57] En este abismo es donde todo se resuelve en unidad y paz,

---

[56] Dionisio Areopagita, *De divinis nominibus*, 4, 13.
[57] B. Elías de S. Clemente, *Escritos*, OCD, Roma 2006, 431.

donde misterioso y silente habita Dios, el inefable, el Otro: «Dios del cual es bello todo lo que es bello y sin el cual nada puede ser bello».[58]

Santa María Magdalena de Pazzi narra la experiencia mística en la que conoce el esplendor de Dios y de la criatura vista en Dios: el alma, unida al Verbo *passus et gloriosus*, percibe el injerto de lo humano en lo divino, embelesada en la vida trinitaria, en el orden del amor.[59]

## La Belleza que hiere

25. La Belleza convoca al éxtasis, mientras su acción de amor abre en nosotros la posibilidad de conciencia, de camino, de vulnerabilidad conocida y acogida.

La Belleza toca a la persona humana, la hiere y de ese modo le da alas, la eleva hacia lo alto con un deseo tan potente que la lleva a aspirar más de cuanto al hombre le sea conveniente aspirar: «Esos hombres han sido tocados por el Espíritu mismo; Él mismo ha mandado a sus ojos un rayo ardiente de su belleza. La anchura de la herida revela ya cuál sea la flecha, y la intensidad del deseo deja intuir quién es el que ha lanzado el dardo».[60] Así Nicolás Cabasilas se refiere a la belleza que hiere, reconociendo en ella ya sea la presencia de Cristo ya sea el *vulnus* que en

---

[58] Cf ACARDO DE S. VÍCTOR, *De unitate Dei et pluralitate creaturarum*, 1, 6 [trad. nuestra].

[59] STA. MARÍA MAGDALENA DE PAZZI, *I colloqui*, en *Tutte le opere*, v. 3, CIL, Florencia 1963, 226.

[60] N. CABASILAS, *La vita in Cristo*, Città Nuova, Roma 1994, en J. RATZINGER, *La corrispondenza del cuore nell'incontro con la Bellezza*, en 30 Giorni 9 (septiembre de 2002) 89.

nosotros grita como deseo de plenitud. Se trata de una herida que nos remite a nuestro destino ultimo y a nuestra misión. El papa Francisco nos lo recuerda: «Quien quiera predicar, primero debe estar dispuesto a dejarse conmover por la Palabra y a hacerla carne en su existencia concreta. [...] tiene que aceptar ser herido por esa Palabra que herirá a los demás»[61].

26. En el camino que nos conduce al Hijo se nos invita a tomar conciencia de la posible deformación de la imagen originaria que vive en nosotros y de la vocación a renacer de lo alto. Tal conciencia tiene que ser vivida en lo cotidiano, asumiendo el riesgo de una mirada exigente que no se contenta con una visión estrecha, sino que se ejercita en ver y manifestar la hermosura de la forma cristiana. Se nos pide ejercitar la mirada, volverla simple, purificada, penetrante. Es una búsqueda cotidiana para permanecer en el encuentro, para reconocer las costumbres que pueden falsearlo, las perezas que pueden volvernos sordos: *Yo dormía, velaba mi corazón. ¡La voz de mi amado que llama!: «Ábreme, hermana mía, amiga mía...»* (Cant 5,2).

La luz del Espíritu nos deslumbra de infinitos modos y su presencia abre en nosotros una herida, poniéndonos en estado de pasaje. Nos pide hagamos nuestras las exigencias y los modos del Amado. Ella desintegra nuestras seguridades. No es fácil habitar entre los despojos de lo que la gracia ha demolido. La tentación nos incita a reconstruir, a obrar. Nosotros,

[61] PAPA FRANCISCO, Ex. Ap. *Evangelii gaudium* (24 de noviembre de 2013), 150.

consagrados y consagradas, a veces encontramos en el activismo misionero el bálsamo que mitiga la herida producida en nosotros por la gracia. Vislumbramos los pasos que hay que dar, pero nos dan miedo: *Me he quitado la túnica, ¿cómo ponérmela de nuevo? Ya me he lavado los pies, ¿cómo volver a mancharlos?* (Cant 5,3). Es necesario vivir la herida, habitar en la conversión.

27. El Espíritu nos hace estar en conversión (*metanoeîn = shub*), nos da la vuelta. El término *metanoeîn* subraya un vuelco y revela que en nosotros es alterado el *noûs*, o sea, el fondo espiritual, el corazón más profundo. Habitar en la conversión es una actitud contemplativa, una sorpresa que se renueva cada día y no conoce ocaso en Cristo Jesús.

Ajenos a la conversión nos volvemos ajenos al amor. Resuena así la invitación que se nos hace a nosotros, consagrados y consagradas, a la humildad que reconoce que solos no podríamos permanecer en la conversión. Ella no es fruto de buenos propósitos, es el primer paso del amor: *¡La voz de mi amado!* (Cant 2,8).

Puede ocurrir que, sumergidos en el flujo de la acción, dejemos de invocar (Lam 5,21; cf Jer 31,18) y de escuchar la voz que invita: *Levántate, amor mío, hermosa mía, y vente* (Cant 2,10). Los paradigmas de referencia –pensamientos, tiempos de oración, decisiones, acciones– no tienen ya el sabor de la espera, del deseo, de la escucha renovada. Entran en nosotros otras referencias y otras necesidades no pertinentes a Cristo y a la conformación con él. El episodio de los hijos de Zebedeo narrado en Mateo es emblemático (Mt 20,17-28). Muestra a los dos discípulos velados por una sombra de mezquindad de sentimientos, aun queriendo estar cerca de Jesús. Seguían, como nosotros, al Maestro, pero su corazón estaba endurecido. Con un proceso lento, tal vez inadvertido, el corazón se aridece, no logra leer ya de modo sapiencial, se hace impasible y se marchita, perdiendo la mirada que contempla. No es la dureza del corazón del ateo, es la dureza del corazón de los apóstoles, a menudo, como observa Marcos, censurada por Jesús: *¿Por qué estáis hablando de que no tenéis panes? ¿Aún no comprendéis ni entendéis? ¿Es que tenéis la mente embotada? ¿Teniendo ojos no veis y teniendo oídos no oís?* (Mc 8,17-18).

También nosotros, que seguimos a Jesús según el Evangelio, podemos estar sujetos a esta progresiva aridez del corazón. Formalmente fieles, reemergen en nosotros intereses, razonamientos y evaluaciones mundanas. Se apaga la contemplación, se oscurece belleza.

28. El papa Francisco denuncia continuamente la actitud de vida que él define como mundanidad: «Despojarse de toda mundanidad espiritual, que es una tentación para todos; despojarse de toda acción que no es por Dios, no es de Dios despojarse de la tranquilidad aparente que dan las estructuras, ciertamente necesarias e importantes, pero que no deben oscurecer jamás la única fuerza verdadera que lleva en sí: la de Dios. Él es nuestra fuerza. Despojarse de lo que no es esencial, porque la referencia es Cristo».[62]

[62] PAPA FRANCISCO, Discurso del encuentro con los pobres asistidos por Caritas, Asís (4 de octubre de 2013).

En *Evangelii gaudium* advierte: «La mundanidad espiritual, que se esconde detrás de apariencias de religiosidad e incluso de amor a la Iglesia, es buscar, en lugar de la gloria del Señor, la gloria humana y el bienestar personal. Es lo que el Señor reprochaba a los fariseos: *¿Cómo podéis creer vosotros, que aceptáis gloria unos de otros, y no buscáis la gloria que viene del único Dios?* (Jn 5,44). Es un modo sutil de buscar *sus propios intereses y no los de Cristo Jesús* (Flp 2,21)».[63]

29. No se avanza en el camino espiritual sin abrirnos a la acción del Espíritu de Dios mediante la fatiga de la ascesis y, en particular, del combate espiritual. «Nuestro Señor añade que el camino de la perfección es estrecho. Para dar a entender que para ir por el camino de la perfección no solo [el alma] ha de entrar por la puerta angosta, vaciándose de lo sensitivo, mas se ha de estrechar, desapropiándose y desembarazándose propiamente en lo que es la parte del espíritu [...]. Pues es trato en que solo Dios se busca y se granjea, solo Dios es el que se ha de buscar y granjear».[64] Es necesario abrir la puerta y salir, buscar para encontrar, sin temor a los golpes: *Lo busqué y no lo hallé, lo llamé y no respondió. Me hallaron los centinelas, los que rondan la ciudad. Me golpearon, me hirieron, me despojaron del chal los guardias de las murallas* (Cant 5,6-7).

Resuena la llamada constante: «La vocación de las personas consagradas a buscar ante todo el Reino de Dios es, principalmente, una llamada a la plena con-

---

[63] PAPA FRANCISCO, Ex. Ap. *Evangelii gaudium* (24 de noviembre de 2013), 93; cf 93-97.

[64] S. JUAN DE LA CRUZ, *Subida al Monte Carmelo*, 2, 7, 3.

versión, en la renuncia de sí mismo para vivir totalmente en el Señor, para que Dios sea todo en todos. Los consagrados, llamados a contemplar y testimoniar el rostro transfigurado de Cristo, son llamados también a una existencia transfigurada».[65] El corazón conoce la herida y la vive, mientras el Espíritu en lo más hondo nos abre a la oración contemplativa.

*La Belleza que busca*

30. La oración se sitúa entre nuestra debilidad y el Espíritu. Brota de lo profundo de lo humano –anhelo, búsqueda, ejercicio, camino– como de una herida provocada por la gracia. Como fuente de agua viva transporta, empuja, excava, *brota* (cf Jn 4,10), hace florecer. La oración es un nacimiento interior: nos hacemos conscientes de una vida presente en nosotros que germina y crece en el silencio. Para los místicos «orar» significa percibir nuestra realidad más honda, el punto en el cual llegamos a Dios, donde Dios nos toca mientras nos recrea: lugar sagrado del encuentro. Lugar de la vida nueva: *Mira, ha pasado el invierno... La tierra se cubre de flores... Despuntan yemas en la higuera, las viñas en cierne perfumean* (Cant 2,11a.12a.13a). A este lugar hay que dirigirse con la voluntad y la fidelidad de quien ama: *Indícame, amor de mi alma, dónde apacientas el rebaño, dónde sestea a mediodía, para que no ande así perdida tras los rebaños de tus compañeros* (Cant 1,7). En el fresco de la *Creación* –que admiramos en la Capilla Six-

---

[65] JUAN PABLO II, Ex. Ap. postsinodal *Vita consecrata* (25 de marzo de 1996), 35.

tina– Miguel Ángel Buonarroti nos hace contemplar el dedo del Padre que roza el dedo de Adán sugiriendo el misterio. La comunión iniciada no tendrá fin.

31. La contemplación orante es un signo del Amado: pura gracia en nosotros. La única actitud es la espera como grito. El lenguaje bíblico y el de los Padres utilizaba el verbo *hypoménein* y el sustantivo *hypomoné*: «estar debajo, acurrucarse y estar firmes», esperando que acontezca algo. La invocación de ayuda: *¡Desde lo hondo a ti grito, Señor!* (Sal 129,1) osa expresar con un grito ante el rostro de Dios mi desesperación, mi deseo de contemplar su Rostro. Los monjes comenzaron a usar el nombre de Jesús como súplica: «¡Jesús, ayúdame! ¡Jesús sálvame! ¡Jesús, misericordia!» El alma planta la tienda y habita en el Nombre, mora en el amor. Contempla.

32. La oración nos conduce así al centro de nuestro ser, nos entrega a Jesús, mientras sana nuestro yo, restaura nuestra unidad: «El divino Maestro está en el fondo de nuestra alma como lo estaba en el fondo de la barca de Pedro [...]. Tal vez parezca que duerme, pero está siempre allí; preparado para salvarnos, preparado para escuchar nuestra súplica».[66]

San Juan de la Cruz canta: «¿Qué más quieres, ¡oh alma!, y qué más buscas fuera de ti, pues dentro de ti tienes tus riquezas, tus deleites, tu satisfacción, tu hartura y tu reino, que es tu Amado, a quien desea y busca tu alma? Gózate y alégrate en tu interior reco-

---

[66] Beato Carlos de Foucauld, *Opere spirituali*, San Paolo, Roma 1997, 144.

gimiento con él, pues le tienes tan cerca. Ahí le desea, ahí le adora, y no le vayas a buscar fuera de ti, porque te distraerás y cansarás y no le hallarás ni gozarás más cierto, ni más presto, ni más cerca que dentro de ti».[67] La tradición bizantina usa una expresión figurada: la mente *(noûs)* baja al corazón. La inteligencia abandona las propias elucubraciones y se une al corazón que invoca: *Ponme como sello en tu corazón, como un sello en tu brazo. Que es fuerte el amor como la Muerte, implacable como el Seol la pasión. Saetas de fuego, sus saetas, una llamarada de Yavé* (Cant 8,6). El ser todo entero entra en la vida de Dios, es sanado, integrado en la acción del Espíritu: el Amor le restituye la belleza. La contemplación se convierte en herida del Amado que nos busca, presencia que nos habita:

> ¡Oh llama de amor viva,
> que tiernamente hieres
> de mi alma en el más profundo centro!
> Pues ya no eres esquiva,
> acaba ya, si quieres;
> ¡rompe la tela de este dulce encuentro![68]

### En el ejercicio de lo verdadero

33. La belleza es «esplendor de lo verdadero», «floritura y ejercicio del ser», afirma la filosofía antigua retomada por Tomás; o sea, es manifestación de la realidad de la vida que cada uno lleva en su interior: lo verdadero. El

---

[67] S. JUAN DE LA CRUZ, *Cántico espiritual* B, canción I, 8.
[68] *Id., Llama viva de amor* B, *Prólogo,* 4.

misterio del ser se presenta a nuestra conciencia como belleza que genera estupor, maravilla. No nos asombra lo comprensible, sino lo que está más allá de nuestra comprensión; no el aspecto cuantitativo de la naturaleza, sino su cualidad; no lo que se extiende más allá del tiempo y del espacio, sino el significado verdadero, la fuente y el término del ser: en otras palabras, lo inefable.[69] Es la vida que brilla, la que se manifiesta y desborda a pesar de los velos que la esconden y custodian. Para intuir lo inefable y captar su esencia es necesario que nuestro corazón habite en el misterio, y al mismo tiempo habite en la historia con estilo contemplativo.

Llamamos «consagrada» a nuestra vida y nos preguntamos si este adjetivo no ha perdido el fulgor vivo del misterio que la habita y se manifiesta en ella como forma cotidiana. Nuestra vida consagrada, en efecto, expresa un estilo, un modo de habitar el mundo: tiene una tarea al mismo tiempo heurística (encuentra, descubre, hace visible) y hermenéutica (interpreta, explica, hace entender).

### La santidad que acoge

34. La tradición cristiana toma conciencia de su particularidad –de su estilo, de su forma– descubriendo en sí la capacidad de asumir las condiciones impuestas por la historia y por las culturas, en la inteligencia de la fe que la origina. La unidad que corre entre la misión

---

[69] Cf A. J. Heschel, *L'uomo alla ricerca di Dio*, Qiqajon, Comunidad de Bose 1995.

de Cristo y su vida se encarna en el estilo, en la forma cristiana en cada momento de la historia.

Contemplamos el estilo de Cristo. Dicho estilo expresa la singular capacidad de Jesús de habitar en el Padre en la caridad del Espíritu, mientras aprende de todo individuo y de toda situación (cf Mc 1,40s.; 5,30; 7,27-29). Esta actitud no es signo de debilidad, sino de autoridad, de fuerza y santidad. Él es luminoso porque en él oración, pensamientos, palabras y acciones concuerdan y manifiestan la simplicidad y la unidad de su ser. Su resplandor de Hijo del Padre no confunde, sino que se acerca a nosotros de modo discreto, se aparta en favor de todos y cada uno. Crea un espacio de libertad en torno a sí, comunicando con su sola presencia benévola cercanía. En este encuentro las personas descubren su identidad más profunda. Reconocen su verdad: el misterio de ser hijos e hijas de Dios.

El estilo de Cristo evidencia que él mira con los ojos de Dios amor. Los que han encontrado a Jesús pueden reemprender el camino, porque lo esencial de la propia existencia les ha sido desvelado y por lo tanto les resulta conocido. El hombre Jesús de Nazaret es manifestación de Dios, y en él *habita corporalmente la plenitud de la divinidad* (Col 2,9). Es el hombre Jesús de Nazaret el que las personas consagradas están llamadas a seguir en una vida personal y comunitaria, que sea ante todo humana y humanizada.

Cristo *nos enseña a vivir en este mundo con sobriedad, con justicia y piedad* (Tit 2,12); en tal estilo nuestra humanidad, purificada y vivificada por la exigencia de la contemplación, es cotidianamente liberada de la mentira para convertirse en un lugar humano y santo que acoge, en eco y narración de la vida de Jesús, aun con sus límites y en la finitud. Aprendamos el estilo que la *Didaché* llama «los modos del Señor».[70] La *sequela Christi*, nos recuerda el papa Francisco, encuentra en la humanidad santa de Cristo el modelo de la propia humanidad para testimoniar cómo él «ha vivido en esta tierra».[71]

*La escucha que ve*

35. El estilo de Cristo se aprende a partir de la escucha. Somos invitados al empeño de un estilo contemplativo, en el que la Palabra resplandezca en nuestro vivir de hombres y mujeres: en los pensamientos, en el silencio orante, en la fraternidad, en nuestros encuentros y diaconías, en los lugares que habitamos y en los que anunciamos la gracia de la misericordia, en las opciones, en las decisiones, en los caminos formativos seguidos de modo constante y fructuoso.

La persona consagrada encuentra en la escucha de la Palabra de Dios el lugar en el cual se pone bajo la mirada del Señor, y aprende de Él a mirarse a sí misma, a los otros y al mundo. La Carta a los hebreos (4,13) muestra eficazmente este entrecruzarse de miradas: *Ante la palabra de Dios* (lógos toû theoû) *no hay criatura que pueda esconderse, sino que todo está desnudo y manifiesto a sus ojos, y nosotros debemos dar cuenta a ella* (ho

---

[70] *Didaché*, 11, 8.
[71] A. SPADARO, «*Svegliate il mondo!*». *Colloquio di Papa Francesco con i Superiori Generali*, en La Civiltà Cattolica 165 (2014/I) 7.

lógos). La Palabra nos ve, nos mira, nos observa, nos interpela y nos envuelve, *sus ojos son como una llama de fuego* (cf Ap 19,12).

La contemplación cristiana nace y crece en el ejercicio de una escucha obediente *(ob-audire)*, ininterrumpida. Si es Dios el que habla, el creyente es una persona llamada a escuchar; el contemplativo es la persona que escucha incesantemente. Vemos a través del oído en una relación de alianza, de cumplimiento, de gozo. Ejercicio activo, amor y deseo de lo verdadero: ¡*Escuchad mi voz! Y yo seré vuestro Dios y vosotros seréis mi pueblo; caminad siempre por el camino que os indicaré, para que seáis felices* (Jer 7,23).

36. Esta síntesis entre escuchar y ver «la posibilita la persona concreta de Jesús, que se puede ver y oír [...] en este sentido, santo Tomás de Aquino habla de la *oculata fides* de los Apóstoles –la fe que ve– ante la visión corpórea del Resucitado. Vieron a Jesús resucitado con sus propios ojos y creyeron, es decir, pudieron penetrar en la profundidad de aquello que veían para confesar al Hijo de Dios, sentado a la derecha del Padre [...]. Cuando estamos configurados con Jesús, recibimos ojos adecuados para verlo».[72] Llamados a la escucha cultivamos *un corazón dócil* (1Re 3,9), y pedimos sabiduría e inteligencia (cf 1Re 3,12) para discernir lo que viene de Dios y lo que es su contrario.

La escucha de la Palabra supone vigilancia (cf Heb 2,1-3), atención a lo que se escucha (cf Mc 4,24), ser consciente de a quién se escucha (cf Jer 23,16) y de

---

[72] PAPA FRANCISCO, Carta Enc. *Lumen fidei* (29 de junio de 2013), 30-31.

cómo se escucha (cf Lc 8,18). Teresa de Ávila recuerda: «No llamo, en efecto, oración la de aquel que no considera con quién habla, quién es el que habla, qué pide y a quién pide».[73]

Este ejercicio permite iluminar el *caos* del propio yo, acogiendo la mirada misericordiosa y compasiva, si bien exigente, de Cristo Señor, que lleva a la persona consagrada a una visión realística de sí misma: «Pon tus ojos solo en él [...]; si pones tus ojos en él, encontrarás el todo».[74]

37. San Benito, en la Regla, ha hecho del publicano de la parábola de Lucas (cf Lc 18,9-14) el modelo del monje, el *exemplum*.[75] No pide monjes con la mirada elevada hacia las alturas celestes, sino con los ojos vueltos hacia la tierra. El monje no proclama su cercanía al Señor, sino que reconoce su propia distancia; no pronuncia una palabra grandilocuente, sino que confiesa el propio pecado: *Oh Dios, ten piedad de mí, pecador.*[76] Escribe Isaac de Nínive: «Aquel que ha sido hecho digno de verse a sí mismo es más grande que aquel que ha sido hecho digno de ver a los ángeles [...]. Aquel que es sensible a sus pecados es más grande que aquel que resucita a los muertos con su oración».[77] El papa Francisco afirma con fino realismo:

[73] STA. TERESA DE ÁVILA, *Castillo interior*, Moradas Primeras, I, 7.

[74] S. JUAN DE LA CRUZ, *Subida al Monte Carmelo*, II, 22.

[75] Cf S. BENITO, *Regla* VII, 62-66.

[76] La breve oración en la boca del publicano ha sido definida como «la oración perfecta y perpetua»: A. LOUF, À *l'école de la contemplation*, Lethielleux, París 2004, 22.

[77] ISAAC DE NÍNIVE, *Un'umile speranza. Antologia*, Edizioni Qiqajon, Comunidad de Bose 1999, 73.

«Si uno no peca, no es un hombre. Todos nos equivocamos y debemos reconocer nuestra debilidad. Un consagrado que se reconoce débil y pecador no contradice el testimonio que es llamado a dar, antes bien lo refuerza, y esto hace bien a todos».[78]

*Quies, requies, otium*

38. Para vivir la relación con Dios, en el Espíritu, es necesario darse tiempo y espacio, yendo contracorriente. La cultura del presente no cree en los procesos de vida y de cambio, aunque científicamente los tiene en la base de su propia visión. Tiene valor lo que sucede rápidamente, comienza inmediatamente, se mueve velozmente. No se evalúa el epílogo: toda dinámica brilla y se consuma en el instante presente.

El tiempo para el que elige un modo de vida cristiano no es mercancía, sino signo que nos revela a Dios aquí y ahora. Son necesarios espacios y tiempos adecuados, como lugares en los que habitar sin prisa y sin afán.

Para indicar la vida contemplativa, la tradición monástica occidental ha utilizado frecuentemente términos que designan la actividad interior, el tiempo dedicado solo a Dios: *vacare Deo*; encontrar descanso en Dios, *quies, requies;* abstención de la actividad laboral activa para poder trabajar en el alma, *otium negotiosum*. Los términos hablan de reposo y de quietud. En realidad suponen la fatiga del trabajo y de la lucha

[78] A. Spadaro, «*Svegliate il mondo!*». *Colloquio di Papa Francesco con i Superiori Generali*, en La Civiltà Cattolica 165 (2014/I) 5.

interior: «El ocio hace mal a todos […], pero nada tanto como el alma tiene necesidad de trabajar».[79]

La vida interior exige la ascesis del tiempo y del cuerpo, requiere habitar en el silencio; invoca la soledad como elemento esencial momento de purificación e integridad personal; convoca a la oración escondida, para encontrar al Señor que habita en lo secreto y hacer del propio corazón la celda interior (cf Mt 6,6). Lugar personalísimo e inviolable donde adorar (cf 1Pe 3,15): *Entre mi Amado en su huerto y coma sus frutos exquisitos* (Cant 4,16).

39. A menudo preferimos vivir fuera de nosotros mismos, fuera del castillo interior, somos hombres y mujeres de superficie, porque la aventura de la profundidad y de la verdad da miedo. Preferimos nociones seguras, aunque limitadas, antes que el desafío que nos lanza más allá de lo apreciado: «Sabemos que tenemos almas. Mas qué bienes puede haber en esta alma o quién está dentro en esta alma o el gran valor de ella, pocas veces lo consideramos; y así se tiene en tan poco procurar con todo cuidado conservar su hermosura».[80]

No encontramos a veces la obstinada osadía que sabe emprender el viaje a lo profundo, que a través de la sombra del límite y del pecado nos conduce a la verdad última que nos habita: «Podemos considerar nuestra alma como un castillo todo de un diamante o muy claro cristal, adonde hay muchos aposentos, así como en el cielo hay muchas moradas […]. Que, si bien

---

[79] S. Juan Crisóstomo, *Homilías sobre los Hechos de los apóstoles*, 35, 3.
[80] Sta. Teresa de Ávila, *Castillo interior*, Moradas Primeras, I, 3.

lo consideramos, no es otra cosa el alma del justo sino un paraíso adonde dice Él tiene sus deleites. Pues ¿qué tal os parece que será el aposento adonde un Rey tan poderoso, tan sabio, tan limpio, tan lleno de todos los bienes se deleita? ¡No hallo yo cosa con que comparar la gran hermosura de un alma y la gran capacidad!»[81]

*La inefable memoria*

40. La vía de la Palabra es el primer camino en el que el Señor mismo nos sale al encuentro «y nos reúne para la santa cena; como a los discípulos de Emaús nos revela el sentido de las Escrituras y parte el pan para nosotros».[82] «Palabra, Evangelio: cofre abierto, tesoro sublime, narración de Dios».[83] El encuentro con alguien acontece siempre por medio de una palabra que, haciéndonos participar de su vida, nos deja ver algo de nosotros.

He aquí a Jesús, *Agnus Dei*. El rostro invisible de Cristo, el Hijo de Dios se revela del modo más simple y al mismo tiempo inefable, se manifiesta en el misterio de su Cuerpo y de su Sangre. La Iglesia, respondiendo al deseo de los hombres de todo tiempo –que piden *ver a Jesús* (Jn 12,21)–, repite el gesto que el Señor mismo hizo: parte el pan y ofrece el cáliz del vino. «He aquí al Cristo en un poco de pan: en una migaja de materia

---

[81] *Ib*, I, 2.
[82] Misal romano, *Oración eucarística* V.
[83] Cf papa FRANCISCO, Ex. Ap. *Evangelii gaudium* (24 de noviembre de 2013), 174-175.

creada he aquí al Increado; he aquí al Invisible en un instante de lo visible».[84]

Aquí, los ojos de quien lo busca con corazón sincero se abren; en la Eucaristía la mirada del corazón reconoce a Jesús.[85] San Juan Pablo II nos recuerda: «Contemplar a Cristo implica saber reconocerle dondequiera que él se manifieste, en sus multiformes presencias, pero sobre todo en el sacramento vivo de su cuerpo y de su sangre. La Iglesia vive del Cristo eucarístico, de él se alimenta y por él es iluminada. La Eucaristía es misterio de fe y, al mismo tiempo, "misterio de luz". Cada vez que la Iglesia la celebra, los fieles pueden revivir de algún modo la experiencia de los dos discípulos de Emaús: *Entonces se les abrieron los ojos y le reconocieron* (Lc 24,31)».[86]

La Eucaristía nos introduce cotidianamente en el misterio del amor, nos revela «el sentido esponsal del amor de Dios. Cristo es el Esposo de la Iglesia, como Redentor del mundo. La Eucaristía es el sacramento de nuestra redención. Es el sacramento del Esposo, de la Esposa».[87] Narra a nuestro corazón que Dios es Amor.

41. Vivir la capacidad contemplativa de la vida consagrada es vivir eucarísticamente, al estilo del Hijo entregado por nosotros. La Eucaristía alimenta la *Jesu dulcis memoria,* invitación para nosotros, consagrados y consagradas, a que en el Espíritu Santo (cf Jn 14,26) la *memoria* de Jesús permanezca en el alma, en los pen-

---

[84] P. Mazzolari, *Il segno dei chiodi*, Dehoniane, Bolonia 2012, 73-78.

[85] Cf Juan Pablo II, Homilía de la solemnidad de Corpus Christi, Basílica de San Juan de Letrán (14 de junio de 2001).

[86] Juan Pablo II, Carta Enc. *Ecclesia de Eucharestia* (17 de abril de 2003), 6.

[87] Juan Pablo II, Carta Ap. *Mulieris dignitatem* (15 de agosto de 1988), 26.

samientos y en los deseos como contemplación que transfigura nuestra vida y afianza la alegría. «Desde que te conocí, no he hallado nada de ti de lo que no me haya acordado; pues desde que te conocí no me he olvidado de ti»,[88] afirma san Agustín, mientras que los Padres griegos indican la memoria continua de Jesús como fruto espiritual de la Eucaristía. En este recuerdo asiduo de Cristo florecen pensamientos de mansedumbre y de benevolencia, mientras Dios establece su morada en el alma y la hace suya a través de la acción del Espíritu Santo.

42. La invocación y la oración, la escucha de la Palabra de Dios, la lucha espiritual y la celebración sacramental renuevan cotidianamente la apertura al don del Espíritu: «La oración, el ayuno, las vigilias y las otras prácticas cristianas, por buenas que puedan parecer en sí mismas, no constituyen el fin de la vida cristiana, aunque ayuden a llegar a ella. El verdadero fin de la vida cristiana es la adquisición del Espíritu Santo de Dios».[89]

Benedicto XVI señaló el valor inseparable de la comunión y de la contemplación: «Comunión y contemplación no se pueden separar, van juntas. Para comulgar verdaderamente con otra persona debo conocerla, saber estar en silencio cerca de ella, escucharla, mirarla con amor. El verdadero amor y la verdadera amistad viven siempre de esta reciprocidad de miradas, de silencios intensos, elocuentes, llenos de respeto

[88] S. Agustín, *Confesiones*, X, 8-24.
[89] I. Gorainoff, *Serafino di Sarov: vita, colloquio con Motovilov, scritti spirituali*, Gribaudi, Turín 2006[6], 156 [trad. nuestra].

y veneración, de manera que el encuentro se viva profundamente, de modo personal y no superficial. Y, lamentablemente, si falta esta dimensión, incluso la Comunión sacramental puede llegar a ser, por nuestra parte, un gesto superficial. En cambio, en la verdadera comunión, preparada por el coloquio de la oración y de la vida, podemos decir al Señor palabras de confianza, como las que han resonado hace poco en el Salmo responsorial: *¡Ah, Yavé, yo soy tu siervo, tu siervo, el hijo de tu esclava, tú has soltado mis cadenas! Sacrificio te ofreceré de acción de gracias, e invocaré el nombre de Yavé* (Sal 115,16-17)».[90]

---

[90] BENEDICTO XVI, Homilía en la solemnidad de Corpus Christi, Basílica de San Juan de Letrán (7 de junio de 2012).

# FORMAR

*«Ponme cual sello sobre tu corazón».*

(Cantar de los cantares 8,6)

## A la escucha

43. La palabra del Cantar de los cantares narra un amor orientado a una relación interpersonal, descentrado, orientado a contemplar el rostro amado y a escuchar su voz (cf Cant 2,14): «El que ama debe como consecuencia atravesar aquella frontera que lo tenía confinado en sus propias limitaciones. Por ello se dice del amor que desata el corazón: lo que está desatado no está ya confinado en sus propios límites».[91]

La superación de los propios límites y confines introduce en el dinamismo de la contemplación, donde hablan solamente la belleza y la potencia del amor. La contemplación impide que la unión comporte fusión indistinta y vaga, porque salva la alteridad y hace posible el don. Ella es el éxtasis ante la «tierra sagrada del otro»,[92] es el permanecer en el espacio de acogida y de la puesta en común que el otro ofrece para reco-

---

[91] S. Tomás de Aquino, *Comentario a las Sentencias de Pedro Lombardo* III XXV, I, I, 4 m [trad. nuestra].

[92] Papa Francisco, Ex. Ap. *Evangelii gaudium* (24 de noviembre de 2013), 169.

nocerlo en su unicidad: *única es mi paloma, mi perfecta* (Cant 6,9), o aun: *Mi amado es* [...] *distinguido entre diez mil* (Cant 5,10). Para permanecer en tal epifanía es necesario ejercitar los ojos y el corazón para saborear la belleza como misterio que envuelve e involucra.

44. Uno de los adjetivos que atraviesa el Cantar de los cantares es precisamente *yapâ*, «bella», y *yafeh*, «bello». En la Biblia bella es la voz de una persona (Éx 33,32), una mujer (Sara, mujer de Abrahán en Gén 12,11), el árbol que está en el Edén es bello a la vista, y por ello apetecible (Gén 3,6); las sandalias de Judith cautivan los ojos de Holofernes, su belleza seduce su corazón (Jdt 16,9), bellas son las piedras del templo (Lc 21,5). El término bíblico no sugiere solo la belleza física, sino también la belleza interior: bello, en efecto, es el vino que Jesús dona en Caná (Jn 2,10), bello es el pastor que da la vida por sus ovejas (Jn 10,11.14), bello es el gesto que realiza la mujer que unge a Jesús y recibe de él un elogio que le garantiza memoria eterna (Mt 26,10).

La belleza en la Biblia aparece, pues, como la «impronta» de la gratuidad divina y humana, y en el Cantar de los cantares se presenta como superación de la soledad, como experiencia de unidad. Los dos que se aman se sienten unidos aun antes de estar unidos, y después de la unión desean que esta perdure. Los dos no desean regalarse una emoción pasajera, sino degustar el sabor de la eternidad a través de un sello (*hôtâm*) sobre el corazón y sobre la carne (Cant 8,6), que lea todo *en la perspectiva del para siempre* de Dios. Esta señal en la carne es una herida que hace desear eternamente el amor, fuego que las grandes aguas no pueden extinguir (Cant 8,7): «Tú, Trinidad eterna, eres como un mar profundo en el que cuanto más busco, más encuentro, y cuanto más encuentro, más te busco. Tú sacias al alma de una manera en cierto modo insaciable, pues en tu insondable profundidad sacias al alma de tal forma que siempre queda hambrienta y sedienta de ti, Trinidad eterna, con el deseo ansioso de verte a ti, la luz, en tu misma luz».[93]

Cuando maduramos en la relación con Dios, le permitimos purificarnos y enseñarnos a ver como Él ve, amar como Él ama. Ahora bien, es cierto que este modo nuevo de ver es gravoso para la persona –consiste en adquirir lo que Benedicto XVI llama: «Un corazón que ve»[94]– porque requiere una transformación radical del corazón, aquella que los Padres llamaban *puritas cordis*, camino formativo.


## Siguiendo el estilo de la belleza

45. La vida consagrada en la variedad de las situaciones culturales y de los modelos de vida, requiere hoy atención y confianza en la acción formativa personal y comunitaria, y en particular en la dinámica del Instituto, para introducir, acompañar y sostener la actitud y la capacidad contemplativa. Surge la necesidad de plantear preguntas a nuestro modo de vivir, y de mirar el *éthos* formativo como: «Capacidad de proponer un

---

[93] Sta. Catalina de Siena, *Il Dialogo della Divina Provvidenza*, Cantagalli, Siena 2006, 402-403.

[94] Benedicto XVI, Carta Enc. *Deus caritas est* (25 de diciembre de 2005), 31.

método rico de sabiduría espiritual y pedagógica, que conduzca de manera progresiva a quienes desean consagrarse a asumir los sentimientos de Cristo, el Señor. La formación es un proceso vital a través del cual la persona se convierte al Verbo de Dios desde lo más profundo de su ser».[95] Tenemos tal vez necesidad de redescubrir en una formación continua el soplo del misterio que nos habita y nos trasciende: «Como un árbol desarraigado del terreno, como un río alejado de su propia fuente, el alma humana pierde vigor si es despojada de aquello que es más grande que ella. Sin la santidad el bien se revela caótico; sin el bien de la belleza se convierte en un accidente. El Bien y la Belleza brillan en cambio con una sola voz».[96]

46. ¿Qué estilo expresa de modo inmediato y simple la vida consagrada en lo cotidiano? Los consagrados y las consagradas –más allá de las hermenéuticas doctrinales, de los documentos magisteriales, de las Reglas y tradiciones– ¿y qué podemos decir de la Iglesia y de la ciudad humana? ¿Son de veras una parábola de sabiduría evangélica y un aguijón profético y simbólico para un mundo «diferente»? Invitamos a una evaluación atenta y veraz del estilo expresado cada día, para que el aventador de la sabiduría separe la paja del grano de trigo (cf Mt 3,12), dejando que aparezca lo verdadero de nuestra vida y la llamada a la Belleza que transfigura.

[95] JUAN PABLO II, Ex. Ap. postsinodal *Vita consecrata* (25 de marzo de 1996), 68.
[96] A. J. HESCHEL, *L'uomo alla ricerca di Dio*, Qiqajon, Comunidad de Bose 1995, 141 [trad. nuestra].

Aludimos a algunos puntos de reflexión que, integrados en nuestros planteamientos y praxis formativas, pueden acompañar el proceso vital que conduce de la superficie a los sentimientos de lo profundo, allí donde el amor de Cristo toca la raíz de nuestro ser.[97]

## La pedagogía mistagógica

47. Hemos puesto la palabra de Dios –fuente primera de toda espiritualidad cristiana que nutre una relación personal con Dios vivo y con su voluntad salvífica y santificante[98]– y la Eucaristía, en la cual está presente el mismo Cristo nuestra Pascua y Pan vivo, corazón de la vida eclesial y de la vida consagrada,[99] como lugares para permanecer con humildad de espíritu para ser formados y santificados. Invitamos a acompañar una atenta educación a la gracia de estos misterios. Los Padres valoraban de modo especial la comunicación mistagógica, mediante la cual se descubría y se interiorizaba en la vida, a la luz de las Escrituras, la savia de la verdad expresada en el misterio celebrado. Así –como dice el término griego *mystagogía*– la acción homilética y la liturgia podían iniciar, guiar y conducir al misterio. La comunicación mistagógica puede ayudar a la fructífera incorporación de los novicios y las novicias de nuestros Institutos y acompañar la formación de los

---

[97] Cf JUAN PABLO II, Ex. Ap. postsinodal *Vita consecrata* (25 de marzo de 1996), 18.
[98] Cf *Ib*, 94.
[99] Cf *Ib*, 95.

consagrados y consagradas de forma constante, especialmente en lo que se refiere a la vida litúrgica.

La liturgia misma es mistagogía –en cuanto comunicación a través de palabras, acciones, signos y símbolos de matriz bíblica– que introduce en la fruición vital del *mystérion*. La categoría de la *transfiguración*, a la cual la vida consagrada hace referencia, puede ocupar el centro de la vía mistagógica. Esta debe saber evocar en nuestra vida de creyentes el misterio pascual, nuestro destino a la resurrección[100]. El mistagogo por excelencia, recuerda Gregorio Nacianceno, es Cristo mismo, y todo en la liturgia lo tiene a él, el *Kýrios* resucitado y presente, como objeto.

48. La comunicación mistagógica es una acción eminentemente cristológica, puesto que solo la inteligencia del cristiano y solo los ritos y gestos litúrgicos no bastan para hacer comprender el misterio y participar en ellos de manera productiva. No hay liturgia cristiana autentica sin mistagogía. Si en la liturgia no hay lenguaje mistagógico, puede acontecer lo que Orígenes dice que les sucedió a los levitas encargados de llevar el arca de la alianza envuelta con capas de cuero fino y paños. También puede darse el caso entre los consagrados de llevar sobre los hombros los misterios de Dios como un peso, sin saber lo que son y, por tanto, sin sacar beneficio de ello[101].

---

[100] Cf Benedicto XVI, Ex. Ap. *Sacramentum caritatis* (22 de febrero de 2007), 64: «La mejor catequesis sobre la Eucaristía es la Eucaristía misma bien celebrada. En efecto, por su propia naturaleza, la liturgia tiene una eficacia propia para introducir a los fieles en el conocimiento del misterio celebrado».
[101] Cf Orígenes, *Homilía sobre Números*, 5, 1.

Estamos llamados a realizar una evaluación real de nuestras celebraciones comunitarias –Liturgia de las Horas, Eucaristía cotidiana y dominical, prácticas de piedad–, preguntándonos si son encuentro vivo y vivificante con Cristo, «fuente de un renovado impulso donativo»[102]. Una invitación a pensar de modo responsable en una pedagogía mistagógica para nuestros caminos de formación continua.

*La pedagogía pascual*

49. El camino místico que está en la base de nuestra vida cristiana de especial *sequela Christi* atraviesa la pasión, la muerte y la resurrección del Señor. Esto requiere un cuidado especial y continuo en nuestra vida personal para aferrar «las oportunidades de dejarse plasmar por la experiencia pascual, configurándose con Cristo crucificado que cumple en todo la voluntad del Padre»,[103] e igual cuidado para captar su valor y su eficacia en la vida fraterna y misionera. La actitud contemplativa se alimenta de la belleza velada de la Cruz. El Verbo que estaba junto a Dios, colgado de las ramas del árbol plantado para unir los cielos y la tierra, se convierte en el escándalo por excelencia delante del cual se cubre el rostro. De las cruces del mundo, hoy otras víctimas de la violencia, como otros *cristos,* cuelgan humillados, mientras el sol se oscurece, el mar se vuelve amargo y

---

[102] PAPA FRANCISCO, Ex. Ap. *Evangelii gaudium* (24 de noviembre de 2013), 24.

[103] JUAN PABLO II, Ex. Ap. postsinodal *Vita consecrata* (25 de marzo de 1996), 70.

los frutos de la tierra, madurados para saciar el hambre de todos, se reparten para satisfacer la avidez de unos pocos. Resuena en ello la invitación a purificar la mirada para contemplar el enigma pascual de la salvación vivo y operante en el mundo y en nuestra cotidianeidad.

Hoy, en las fraternidades y en las comunidades que viven inmersas en las cultura contemporánea –a menudo convertida en mercado de lo efímero– es probable que también nuestra mirada de consagrados y consagradas pierda la capacidad de reconocer la belleza del misterio pascual: la compostura desarmada e inerme que se perfila tanto en el rostro de los hermanos que nos son familiares, cuanto en aquel de los cristos rechazados por la historia que encontramos en nuestras diaconías de caridad. Rostros *sin apariencia ni belleza para atraer nuestras miradas para que lo deseemos* (cf Is 53,2).

50. Cada día el espectáculo del sufrimiento humano se muestra con toda su crudeza. Es tal que ninguna redención puede buscarse ni entenderse sin afrontar el escándalo del dolor. Este misterio atraviesa como una ola gigantesca la historia humana e invita a la reflexión. Pocos han intuido como Dostoievski la cuestión más importante que domina el corazón humano: el dolor, la redención del mal y la salvación victoriosa sobre la muerte. Confronta la relevancia de la belleza con el misterio del dolor, buscando una razón. El joven Ippolit, a punto de morir, plantea la pregunta decisiva y terrible al príncipe Myshkin, protagonista de *El idiota*, enigmática metáfora de Cristo, el Inocente que sufre por amor a todos: «¿Es verdad, príncipe, que una vez

aseguró que el mundo será salvado por la belleza? [...] ¿Qué clase de belleza será la que salve el mundo?»[104]

La pregunta sobre el mal surge a diario en la mente, el corazón y los labios de tantos hermanos y hermanas nuestros. Solo Dios hace suyo el sufrimiento infinito del mundo abandonado al mal, solo Él entra en las tinieblas más densas de la miseria humana, el dolor es redimido y vencida la muerte. Es la Cruz del Hijo. El sufrimiento de Cristo logra explicar la tragedia de la humanidad extendiéndola a la divinidad. En el Cristo sufriente se lee la única respuesta posible a la pregunta sobre el sufrimiento. A la contemplación, a la conciencia de la Belleza que habita en nosotros y nos trasciende, no se llega sino a través de la Cruz; no se accede a la vida sino atravesando la muerte.

51. Para nosotros, personas consagradas, entrar en la sabiduría pascual y ejercitarnos para descubrir en todo lo que está desfigurado y crucificado, aquí y ahora, el rostro transfigurado del Resucitado, es la parte más seria de la fe. El camino contemplativo es un camino pascual. La Pascua de Cristo, razón de nuestra esperanza, interroga nuestra fraternidad y nuestra misión a veces oscurecidas por las relaciones superficiales, por las rutinas sin esperanza, por las diaconías solo funcionales, por los ojos entorpecidos e incapaces ya de reconocer el misterio. ¡En nuestras comunidades la Belleza queda velada! Somos *necios y lentos de corazón* (cf Lc 24,25) a la hora de vivir la pedagogía pascual. Es posible que no recordemos que la participación en la comu-

---

[104] F. DOSTOIEVSKI, *L'idiota*: II, 2, en E. LO GATTO (ed.), *Romanzi e taccuini* II, Sansoni, Florencia 1961, 470.

nión trinitaria puede cambiar las relaciones humanas, que la potencia de la acción reconciliadora de la gracia abata los dinamismos disgregadores, presentes en el corazón del hombre y en las relaciones sociales, y que de este modo podamos señalar a los hombres tanto la belleza de la comunión fraterna como los caminos que conducen concretamente a ella.[105]

*La pedagogía de la belleza*

52. A lo largo de los siglos, la vida consagrada ha buscado incesantemente tras las huellas de la belleza, custodia vigilante y fecunda de su sacralidad, reelaborando su visión y creando obras que han expresado la fe y la mística de la luz en la arquitectura, en las artes del ingenio y de la ciencia, en las artes figurativas, literarias y musicales, investigando nuevas epifanías de la Belleza.[106]

La reflexión contemporánea, a menudo indecisa entre la espiritualidad de la naturaleza y la estetización del sentir, ha terminado descuidando el valor cognoscitivo y formativo de lo bello, su verdadero significado, confinándolo en una ambigua zona de sombra o relegándolo en lo efímero. Es necesario volver a conectar el nexo vital con el significado antiguo y siempre nuevo de la belleza como un lugar visible y sensible del infinito misterio del Invisible. Habitar ese lugar distante es como beber en la fuente de la belleza. Si la existencia no participa de algún modo de este misterio, la

---

[105] Cf JUAN PABLO II, Ex. Ap. postsinodal *Vita consecrata* (25 de marzo de 1996), 41.

[106] Cf JUAN PABLO II, *Carta a los artistas* (4 de abril de 1999).

94

belleza queda como un hecho inalcanzable, se pierde en el vacío del sinsentido y en el vacío semántico.[107]

Pero, más dolorosamente, nosotros mismos quedamos privados de ella. El papa Francisco, cuando era cardenal de Buenos Aires, en el texto *La belleza educará al mundo*,[108] propuso la pedagogía de la belleza, instancia formativa en la cual la persona humana es entendida como portadora de la eterna llamada a un proceso de vida que florece en el respeto y la escucha, en la integración de pensamiento, emoción y sentimientos llamados a integrarse en la madurez.

Se abre la necesidad de una doble vía de formación del *éthos* humano: «El verdadero conocimiento consiste en ser alcanzados por el dardo de la belleza que hiere al hombre, en ser tocados por la realidad, por la *presencia personal de Cristo mismo* como él dice. Ser golpeados y conquistados a través de la belleza de Cristo aporta un conocimiento más real y profundo que la mera deducción racional. Tenemos que favorecer el encuentro del hombre con la belleza de la fe. El encuentro con la Belleza puede convertirse en un golpe de dardo que hiere el alma y de este modo le abre los ojos, tanto que ahora el alma, a partir de la experiencia, tiene criterios para hacer juicios y está también en condiciones de evaluar correctamente los argumentos».[109]

La belleza verdadera y eterna alcanza el interior humano por la vía de aquellos que pueden llamarse los «sentidos» espirituales, de los que san Agustín habla

[107] Cf N. Berdjaev, *Il senso della creazione*, Jaca Book, Milán 1994, 300ss.

[108] J. M. Bergoglio - papa Francisco, *La bellezza educherà il mondo*, EMI, Bolonia 2014.

[109] J. Ratzinger, *La corrispondenza del cuore nell'incontro con la Bellezza*, en 30 Giorni 9 (septiembre de 2002) 87 [trad. nuestra].

en analogía con los sentidos del cuerpo: «¿Y qué es lo que amo cuando te amo a ti? […] mi Dios es luz y voz, manjar y olor, alimento y abrazo del hombre interior que hay en mí. Allí refulge para mi alma una luz que no cabe en un lugar y suenan voces que no se lleva el tiempo; lugar donde hay aromas que no se disipan en el aire y sabores que no se destruyan al comer el alimento. Allí la unión es tan firme que no es posible el hastío. Toso esto es lo que amo cuando amo a mi Dios».[110]

53. En nuestro camino de cristianos y consagrados precisamos reconocer las huellas de la Belleza, una vía hacia el Trascendente, hacia el Misterio último, hacia Dios, precisamente por su capacidad de abrir y ensanchar los horizontes de la conciencia humana y de lanzarla más allá de sí misma, aproximándola al abismo del Infinito. Hemos sido llamados a recorrer la *via pulchritudinis*, que es un recorrido artístico, estético y un itinerario de fe y de búsqueda teológica.[111]

Benedicto XVI sentía en la música una realidad de nivel teológico y una respuesta de fe, como ha expresado más de una vez comentando los conciertos a los que asistía: «Quien ha escuchado esto sabe que la fe es verdadera».[112]

La belleza expresada en la genialidad musical ha sido interpretada como propedéutica a la fe: «En aquella música se percibía una fuerza tan extraordinaria de la Realidad presente como para darse cuenta, no ya a través

[110] S. Agustín, *Confesiones*, X, 6, 8.
[111] Cf Benedicto XVI, Discurso a los artistas en la Capilla Sixtina, Ciudad del Vaticano (21 de noviembre de 2009).
[112] J. Ratzinger, *La corrispondenza del cuore nell'incontro con la Bellezza*, en 30 Giorni 9 (septiembre de 2002) 89.

de deducciones, sino a través del impulso del corazón, de que aquello no podía originarse de la nada, sino que podía nacer solo gracias a la fuerza de la Verdad que se actualiza en la inspiración del compositor».[113] Tal vez, debido a ello los grandes místicos –la literatura poética y musical da cuenta de ello– disfrutaban componiendo poesías y cánticos, para expresar algo de lo divino a lo que tenían acceso en los secretos encuentros de su alma.

Junto a la música podemos nombrar también el arte poético o narrativo y el figurativo como posibles caminos propedéuticos de la contemplación: desde las páginas literarias al icono o las miniaturas; desde los frescos a los cuadros o las esculturas. Todo «por una vía interior, una vía de la superación de uno mismo y, por tanto, en esta purificación de la mirada, que es una purificación del corazón, nos revela la Belleza o, al menos, un rayo de ella. Justamente así ella nos pone en relación con la fuerza de la verdad».[114]

En la *Evangelii gaudium* el papa Francisco subraya la relación entre verdad, bondad y belleza: es necesario «recuperar la estima de la belleza para poder llegar al corazón humano y hace resplandecer en él la verdad y la bondad del Resucitado».[115]

54. Estamos invitados, por tanto, a un camino armonioso que sepa conjugar lo verdadero, lo bueno y lo bello, allí donde a veces parece que el deber, como ética malentendida, se impone.

[113] *Ib* [trad. nuestra].
[114] *Ib* [trad. nuestra].
[115] PAPA FRANCISCO, Ex. Ap. *Evangelii gaudium* (24 de noviembre de 2013), 167.

La nueva cultura digital y los novedosos recursos comunicativos lanzan un último desafío, enfatizando el lenguaje de la imagen como flujo continuo sin posibilidad de meditación, sin meta y, a menudo, sin jerarquía de valores. Cultivar una mirada presente y reflexiva, que vaya más allá de lo que se ve y de la bulimia de los contactos inmateriales, supone un desafío urgente que puede introducirnos en el Misterio para dar testimonio de él. Estamos invitados a recorrer caminos formativos que nos predispongan a leer en el interior cosas, a recorrer el camino del alma en el que se realiza el paso de la belleza penúltima a la Belleza suprema. Realizaremos así «la obra de arte escondida que es la historia de amor de cada uno con el Dios vivo y con los hermanos, en el gozo y en la fatiga de seguir a Jesucristo en la cotidianidad de la existencia».[116]

## La pedagogía del pensamiento

55. Es imprescindible, pues, educar el gusto por lo profundo, el camino interior. La formación es un camino comprometido y fecundo que nunca se agota. Una necesidad que se extingue solo con la muerte.

Las personas consagradas están llamadas a ejercitarse en el «pensamiento abierto»: la confrontación con la cultura y los valores propios predispone nuestra vida para acoger la diversidad y leer en ella los signos de Dios. La sabiduría inteligente y amorosa de la contemplación ejercita en una visión que sabe evaluar, acoger y referir toda realidad al Amor.

---

[116] BENEDICTO XVI, Discurso a los oficiales del Pontificio Consejo de la cultura, Ciudad del Vaticano (15 de junio de 2007).

En la Carta Encíclica *Caritas in veritate,* Benedicto XVI escribe: «Pablo VI vio con claridad que una de las causas del subdesarrollo es una falta de sabiduría, de reflexión, de pensamiento capaz de elaborar una síntesis orientadora, y que requiere "una clara visión de todos los aspectos económicos, sociales, culturales y espirituales"».[117] Y subraya: «El amor en la verdad –*caritas in veritate*– es un gran desafío para la Iglesia en un mundo en progresiva y expansiva globalización. El riesgo de nuestro tiempo es que la interdependencia de hecho entre los hombres y los pueblos no se corresponda con la interacción ética de la conciencia y el intelecto».[118] El papa Francisco vuelve a insistir sobre esta necesidad vital en su coloquio con los Superiores generales de los Institutos religiosos masculinos, el 29 de noviembre de 2013, refiriéndose al desafío que la diversidad lanza a la vida consagrada: «Para entender tenemos que descolocarnos, ver la realidad desde varios puntos de vista diferentes. Tenemos que acostumbrarnos a pensar».[119]

Estamos invitados a poner atención continua para crear un ambiente cotidiano, fraterno y comunitario, primer lugar de formación en el cual sea favorecido el crecimiento de una pedagogía del pensamiento.

56. En esta acción concurre de modo determinante el servicio de la autoridad. La formación constante requiere, en quien anima los institutos y las comunida-

---

[117] BENEDICTO XVI, Carta Enc. *Caritas in veritate* (29 de junio de 2009), 31.
[118] *Ib*, 9.
[119] A. SPADARO, «*Svegliate il mondo!*». *Colloquio di Papa Francisco con i Superiori Generali*, en La Civiltà Cattolica 165 (2014/I) 6 [trad. nuestra].

des, una mirada dirigida, en primer lugar, a la persona consagrada, para orientarla hacia una actitud sapiencial de vida; para ejercitarla en la cultura de lo humano hasta llegar a la plenitud cristiana; para permitirle el ejercicio de la reflexión valorativa; para ayudarla a custodiar la sacralidad del ser, de modo que no se gaste en exceso según los valores de la eficiencia y de la utilidad; para evitar que transforme el saber cristiano en una constelación de diaconías y de competencias técnicas. Quien sirve en autoridad alienta y acompaña a la persona consagrada en la búsqueda de los fundamentos metafísicos de la condición humana –allí donde el Verbo hace resplandecer su luz– para que «bajo la acción del Espíritu se defiendan con denuedo los tiempos de oración, de silencio, de soledad, y se implore de lo Alto el don de la sabiduría en las fatigas diarias (cf Sab 9,10)».[120]

Para solicitar y favorecer esta dinámica formativa no es suficiente un gesto esporádico, alguna que otra decisión u opción operativa. Se trata de encaminar y sostener una dinámica permanente que tenga relación e incidencia en todo lo concerniente a la vida comunitaria y personal. Por ese motivo es necesario dar relieve y adoptar un estilo de vida que dé forma a un ambiente cuyo clima habitual favorezca la mirada sapiencial, atenta y amorosa con la vida y a las personas. Una mirada dirigida a descubrir y a vivir las oportunidades de crecimiento humano y espiritual, una mirada que induzca a crear un pensamiento nuevo, programas útiles y métodos pedagógicos bien

---

[120] JUAN PABLO II, Ex. Ap. postsinodal *Vita consecrata* (25 de marzo de 1996), 71.

pensados. Es necesario permitir y favorecer la lectura de introspección generada desde la autorreflexión y la confrontación existencial.

57. La solicitud de una mirada contemplativa significa también solicitar a la persona consagrada que, a partir de una reflexión oportuna, se apropie de su identidad profunda, leyendo y narrando su propia existencia, como historia «buena», pensamiento positivo, relación de salvación y experiencia humana recapitulada en Cristo Jesús: «El yo es perceptible a través de la interpretación de las huellas que deja en el mundo».[121]

Nuestra historia personal unida a la de aquellos que comparte con nosotros el camino en fraternidad, los *semina Verbi* sembrados hoy en el mundo, son huellas de Dios que hay que leer juntos, gracia de la cual ser conscientes y semilla que plantar como pensamiento nuevo del Espíritu que se nos ofrece para transitar por el nuevo camino. El papa Francisco, dirigiéndose a la comunidad de los escritores de La Civiltà Cattolica, invitaba a redescubrir esa pedagogía: «Vuestra tarea consiste en recoger y expresar las expectativas, los deseos, las alegrías y los dramas de nuestro tiempo, y ofrecer los elementos para una lectura de la realidad a la luz del Evangelio. Los grandes interrogantes espirituales hoy están más vivos que nunca, pero se necesita de alguien que los interprete y los entienda. Con inteligencia humilde y abierta "buscad y encontrad a Dios en todas las cosas", como escribía san Ignacio. Dios actúa en la vida de cada hombre y en la cultura:

---

[121] P. Ricoeur, *Il tempo raccontato*, Jaca Book, Milán 1998, 376 [trad. nuestra].

el Espíritu sopla donde quiere. Buscad y descubrir lo que Dios ha obrado y cómo proseguirá su obra [...]. Y para buscar a Dios en todas las cosas, en todos los campos del saber, del arte, de la ciencia, de la vida política, social y económica se necesita estudio, sensibilidad y experiencia».[122]

El cultivo del pensamiento, la formación del juicio y el ejercicio de la sabiduría de la mirada y de la fineza de los sentimientos como lo hizo Cristo (Gál 4,19) son caminos propedéuticos para la misión.[123]

### En la proximidad de la misericordia

58. Un fecundo camino a recorrer en el ejercicio contemplativo es el que llama a la proximidad. Es el camino del encuentro, en el cual los rostros se buscan y se reconocen. Cada rostro humano es único e irrepetible. La diversidad extraordinaria del rostro nos hace fácilmente reconocibles en el ambiente social complejo en que vivimos, favorece y facilita el reconocimiento y el descubrimiento del otro.

Si la calidad de la convivencia colectiva «recomienza por el tú»,[124] esto es, dándole valor al rostro del otro y a la relación de proximidad, el cristianismo se revela como la religión del rostro, o sea, de la cercanía y de la proximidad. «En una civilización paradójicamente

[122] Papa Francisco, Discurso a la comunidad de los escritores de La Civiltà Cattolica, Ciudad del Vaticano (14 de junio de 2013).

[123] Cf Juan Pablo II, Ex. Ap. postsinodal *Vita consecrata* (25 de marzo de 1996), 103.

[124] Cf E. Lévinas, *Etica e infinito. Il volto dell'altro come alterità etica e traccia dell'infinito*, Città Nuova, Roma 1988.

herida de anonimato y, a la vez, obsesionada por los detalles de la vida de los demás, impudorosamente enferma de curiosidad malsana, la Iglesia necesita la mirada cercana para contemplar, conmoverse y detenerse ante el otro cuantas veces sea necesario».[125]

Dios sana la miopía de nuestros ojos y no deja que nuestras miradas se detengan en lo superficial, allí donde la mediocridad, la superficialidad y la diversidad campan a sus anchas: Dios «limpia, da gracia, enriquece e ilumina el alma comportándose como el sol el cual con sus rayos seca, calienta, embellece e ilumina».[126]

La persona contemplativa se ejercita para ser capaz de mirar con los ojos de Dios la humanidad y la realidad creada, hasta *ver lo invisible* (cf Heb 11,27), es decir, la acción de la presencia de Dios, siempre inefable y visible solo a través de la fe. El papa Francisco nos invita a seguir aquella inteligencia espiritual y aquella *sapientia cordis* que identifica al verdadero contemplativo cristiano como aquel que sabe ser ojo para el ciego, pies para el cojo, palabra para el mudo, padre para el huérfano, prójimo para quien está solo, reconociendo en ellos la imagen de Dios.[127]

Los cristianos «son ante todo místicos con los ojos abiertos. Su mística no es una mística natural sin rostro, es más bien una mística que busca el rostro, que lleva al encuentro con el que sufre, al encuentro con el rostro de los infelices y de las víctimas. Los ojos abier-

[125] Papa Francisco, Ex. Ap. *Evangelii gaudium* (24 de noviembre de 2013), 169.

[126] S. Juan de la Cruz, *Cántico espiritual* B, 32, 1.

[127] Cf papa Francisco, *Sapientia cordis. «Io ero gli occhi per il cieco, ero i piedi per lo zoppo» (Jb 29, 15)*, mensaje para la XXIII Jornada del Enfermo, Ciudad del Vaticano (3 de diciembre de 2014).

tos y vigilantes traman en nosotros la revuelta contra el absurdo de un sufrimiento inocente e injusto; ellos despiertan en nosotros el hambre y la sed de justicia, de la gran justicia para todos, y nos impiden orientarnos exclusivamente hacia el interior de los minúsculos criterios de nuestro mundo de meras necesidades».[128]

59. Solo el amor está en condiciones de divisar lo que está escondido: estamos invitados a acceder a esta sabiduría del corazón que no separa nunca el amor de Dios del amor hacia los otros, particularmente hacia los pobres, los últimos, «carne de Cristo»,[129] rostro del Señor crucificado. El cristiano coherente vive el encuentro con la atención del corazón y es, por tanto, necesario que junto a las competencias profesionales y a las programaciones teóricas se ponga atención a la formación del corazón, para que la fe actúe en el amor (cf Gál 5,6): «El programa del cristiano –el programa del buen samaritano, el programa de Jesús– consiste en un "corazón que ve". Este corazón ve dónde se necesita amor y actúa en consecuencia. Obviamente, cuando la actividad caritativa es asumida por la Iglesia como iniciativa comunitaria, a la espontaneidad del individuo debe añadirse también la programación, la previsión, la colaboración con otras instituciones similares».[130]

---

[128] J. B. Metz, *Mistica dagli occhi aperti. Per una spiritualità concreta e responsabile*, Queriniana, Brescia 2011, 65 [trad. nuestra].

[129] Por ej. cf papa Francisco, Discurso de la Vigilia de Pentecostés con los movimientos, las nuevas comunidades, las asociaciones y las agregaciones eclesiales (18 de mayo de 2013); Homilía de la canonización de los Mártires de Otranto y de dos beatas latinoamericanas (12 de mayo de 2013); Ángelus (11 de enero de 2015).

[130] Benedicto XVI, Carta Enc. *Deus caritas est* (25 de diciembre de 2005), 31.

Esta mirada de vida caracteriza nuestro vivir juntos, sobre todo allí donde las nuevas vulnerabilidades se manifiestan y piden la compañía del «ritmo saludable de la proximidad».[131]

«Algunos quisieran un Cristo puramente espiritual, sin carne y sin Cruz, también se pretenden relaciones interpersonales solo mediadas por aparatos sofisticados, por pantallas y sistemas que se puedan encender y apagar a voluntad. Entretanto, el Evangelio nos invita siempre a correr el riesgo del encuentro con el rostro del otro, con su presencia física que interpela, con su dolor y sus reclamos, con su alegría que contagia en un constante cuerpo a cuerpo. La verdadera fe en el Hijo de Dios hecho carne es inseparable del don de sí, de la pertenencia a la comunidad, del servicio, de la reconciliación con la carne de los otros. El Hijo de Dios, en su encarnación, nos invitó a la revolución de la ternura».[132]

El rostro del Padre en el Hijo es el rostro de la misericordia: «Jesús de Nazaret con su palabra, con sus gestos y con toda su persona revela la misericordia de Dios».[133] Todos los consagrados y las consagradas están llamados a contemplar y testimoniar el rostro de Dios como Aquel que *conoce y comprende nuestras debilidades* (cf Sal 102), para derramar el bálsamo de la cercanía a las heridas humanas, contrastando el cinismo de la indiferencia.

«Abramos nuestros ojos para mirar las miserias del mundo, las heridas de tantos hermanos y hermanas

---

[131] Papa Francisco, Ex. Ap. *Evangelii gaudium* (24 de noviembre de 2013), 169.
[132] *Ibid.*, 88.
[133] Papa Francisco, *Misericordiae vultus*, Bula de convocación del Jubileo Extraordinario de la Misericordia (11 de abril de 2015), 1.

privados de la dignidad, y sintámonos provocados al escuchar su grito de auxilio. Que nuestras manos estrechen sus manos, y acerquémoslos a nosotros para que sientan el calor de nuestra presencia, de nuestra amistad y de la fraternidad. Que su grito se torne como algo nuestro y juntos podamos romper la barrera de la indiferencia que suele reinar campante para esconder la hipocresía y el egoísmo».[134] La contemplación de la misericordia divina transforma nuestra sensibilidad humana y la inclina sobre el abrazo de un corazón que ve.

### Siguiendo la danza de la creación

60. «*Laudato si' mi Signore cum tucte le tue creature*».[135] El cántico de Francisco de Asís sigue resonando en los comienzos del siglo XXI con una voz que no conoce cansancio, invita al estupor y reconoce la belleza originaria con la cual estamos marcados como criaturas. Con Francisco de Asís se realiza la perfecta humanidad de Cristo en la cual *todas las cosas han sido creadas* (Col 1,16), resplandece la gloria de Dios y se entrevé lo inmenso en lo infinitamente pequeño.

El Señor juega en el jardín de su creación. Podemos captar los ecos de ese juego cuando estamos solos en una noche estrellada, cuando vemos los niños en un momento en el que son verdaderamente niños o cuando sentimos el amor en nuestro corazón. En esos momentos el despertar, la «novedad», el vacío y la

[134] *Ib*, 15.
[135] S. Francisco de Asís, *Cántico de las criaturas*, 1.

pureza de la visión se hacen evidentes. Nos permiten vislumbrar la danza cósmica al ritmo del silencio, la música de la fiesta nupcial.[136]

Estamos presentes en esa danza de la creación como humildes cantores y custodios. Cantores, llamados a reavivar nuestra identidad de criaturas, elevamos la alabanza de la inmensa sinfonía del universo. Custodios, llamados a vigilar como centinelas que esperan la aurora que ilumina la belleza y la armonía del creado. El papa Francisco nos pide que recordemos que no somos dueños del universo, nos pide que volvamos a diseñar nuestra visión antropológica según la visión de Aquel que *mueve el cielo y las otras estrellas*,[137] en el respeto de nuestra especial dignidad de seres humanos, criaturas de este mundo que tienen derecho a vivir y a ser felices.[138]

El antropocentrismo moderno ha terminado colocando la razón técnica por encima de la realidad, de tal modo que disminuye el valor intrínseco del mundo, en la complementariedad de su orden y del de las criaturas todas. El ser humano, continúa el papa Francisco citando a Romano Guardini: «Ni siente la naturaleza como norma válida, ni menos aún como refugio viviente. La ve sin hacer hipótesis, prácticamente, como lugar y objeto de una tarea en la que se encierra todo, siéndole indiferente lo que con ello suceda».[139] Estamos viviendo un exceso antropocéntrico.

---

[136] Cf T. Merton, *Semi di contemplazione*, Garzanti, Milán 1953.
[137] D. Alighieri, *Divina Comedia. Paraíso*, XXXIII, 145.
[138] Cf papa Francisco, Carta Enc. *Laudato si'* (18 de junio de 2015), 43.
[139] *Ib*, 115.

61. No es posible una nueva relación con la naturaleza sin un corazón nuevo, capaz de reconocer la belleza de todas las criaturas, la especial dignidad del ser humano, la necesidad de la relación, la apertura a un tú en el cual cada uno reconoce un origen común, el Tú divino. Sentimos, como personas consagradas, la llamada a la circularidad relacional, al corazón capaz de oración de alabanza, expresión de una ascesis que llama a la conversión, al paso de la autorreferencialidad que ensoberbece y cierra –mientras humilla a las personas y a la naturaleza– a la santidad acogedora de Cristo en la cual todo es acogido, sanado y reintegrado en su propia dignidad humana y creatural.

Sentimos, precisamente en virtud de cuanto nos sugiere la inteligente sabiduría del corazón, la llamada a emprender opciones y acciones concretas personales, de comunidad y de Instituto que manifiesten un estilo de vida razonable y justo.[140] Estamos invitados con todos los hermanos y hermanas en humanidad a acoger el «gran desafío cultural, espiritual y educativo que implicará largos procesos de regeneración».[141]

*Una nueva filocalia*

62. Se deja oír una vez más la necesidad de la formación continua –nueva filocalia– que abra, dé cuerpo e impulse en nosotros, los consagrados y las consagradas, el *habitus* contemplativo: «Prestar atención a la belleza y amarla nos ayuda a salir del pragmatismo

[140] Cf *Ib*, 203-208.
[141] *Ib*, 202.

utilitarista. Cuando alguien no aprende a detenerse para percibir y valorar lo bello, no es extraño que todo se convierta para sí mismo en objeto de uso y abuso inescrupuloso».[142] El papa Francisco invita a la pasión por el empeño educativo según una espiritualidad ecológica que «nace de las convicciones de nuestra fe, porque lo que el Evangelio nos enseña tiene consecuencias en nuestra forma de pensar, de sentir y de vivir».[143]

Una espiritualidad que llama a la conversión y, por tanto, a una ascesis en la cual, reconociendo nuestros modos de vida a veces desequilibradamente inclinados hacia la acción rutinaria, nos obligamos a ejercitarnos para transformar lo más profundo de nuestro ser: «Los desiertos exteriores se multiplican en el mundo, porque se han extendido los desiertos interiores».[144] Para fecundar el desierto albergamos en nuestra vida interior, fraterna y misionera, las semillas del cuidado, de la ternura, de la gratitud, de la gratuidad y del gozo que saborea las cosas pequeñas y simples, el gusto por el encuentro y el servicio, «en el despliegue de los carismas, en la música y el arte, en el contacto con la naturaleza, en la oración».[145]

En el tiempo de la creación hubo un séptimo día en el cual Dios creó el descanso. El disfrute del descanso no parecer ser cosa nuestra. Trabajamos con empeño loable, pero a menudo ese empeño se convierte en el paradigma desde el cual conformamos nuestra vida consagrada. Vuelve a resonar la invitación a redescubrir el día del Resucitado en la vida y en nuestras

[142] *Ib*, 215.
[143] *Ib*, 216.
[144] Benedicto XVI, Homilía del solemne inicio del ministerio petrino, Ciudad del Vaticano (24 de abril de 2005).
[145] Papa Francisco, Carta Enc. *Laudato si'* (18 de junio de 2015), 223.

comunidades. El día en el cual se llega y del cual se vuelve a partir, pero sobre todo el día en el que uno se detiene a degustar el esplendor de la Presencia amada.

63. *Ponme cual sello sobre tu corazón* (Cant 8,6), pide la esposa del Cantar de los cantares, casi como queriendo atar el amor con un vínculo de fidelidad. Se subraya la necesidad de acompañar la fidelidad con la *sequela Christi* en nuestra especial consagración, en un tiempo en el que acostumbra estar minada por la fragilidad de nuestra vida en el Espíritu (cf 1Tes 5,17.19). La dimensión contemplativa de la vida consagrada madurará si se abren espacios formativos. Caminos escogidos, decididos y recorridos.

Por consiguiente, nos sentimos interpelados acerca de nuestras *ratio formationis*, sobre las prácticas y las experiencias formativas; acerca del *habitat* formativo en la diversidad de las formas de vida consagrada. Interrogamos nuestra experiencia personal de trabajo y fraterna: el modo de orar, de meditar, de estudiar, de vivir en relación y en la vida apostólica y de descansar. La actitud contemplativa interroga nuestros lugares compartidos y las dinámicas de cada día: nuestras preferencias, las agendas de valores, las desatenciones, los métodos y las costumbres, la pluralidad de las opciones y de las decisiones, la cultura. Todo tiene que ser escrutado en el discernimiento e iluminado por la belleza del Misterio que habita en nosotros. De esta luz hay que dar razón en humanidad y en medio de la humanidad: consagrados como «ciudad sobre un monte que habla de la verdad y el poder de las palabras de Jesús».[146]

---

[146] Papa Francisco, *Carta apostólica a todos los consagrados con motivo del Año de la Vida Consagrada* (21 de noviembre de 2014), 2.

# EPÍLOGO

*«¡Oh, ven, amado mío!»*

(Cantar de los cantares 7,12)

## A la escucha

64. El amor es un acontecimiento que transfigura el tiempo infundiendo una energía que, según se consume, se regenera. Lo propio del amor es vivir la dimensión de la espera, aprender a esperar. Como en el caso de Jacob enamorado de Raquel: *Jacob estaba enamorado de Raquel. Así pues, dijo [a Labano]: «Te serviré siete años por Raquel, tu hija pequeña». [...] Sirvió, pues, Jacob por Raquel siete años, que se antojaron como unos cuantos días, de tanto que la amaba* (Gén 29,18.20). Jacob hace del amor por la mujer amada su razón de ser, y gracias a ella la fatiga del trabajo y el tiempo pasan a un segundo plano. En el Cantar de los cantares la dimensión del tiempo parece desvanecerse. El amor sustrae al hombre de la tiranía del tiempo y de las cosas, y sustituye las coordenadas espacio-temporales, o mejor las oxigena en la atmósfera de una libertad que da el primado no al hacer, sino al habitar, al contemplar, al acoger.

Quien ama tiene prisa por volver a ver el rostro amado; sabe que a la alegría del encuentro seguirá el deseo sin fin. Con la invitación al amado a huir *por los montes de las balsameras* (Cant 8,14), el poema orienta la dinámica del deseo y de la búsqueda, canto abierto que celebra la belleza amada que no se podrá nunca poseer si no a través del reconocimiento de su alteridad, de la que el cuerpo es símbolo. La búsqueda comienza una y otra vez para que los dos enamorados puedan continuar requiriéndose sin interrupción, liberando el grito que encarna la invocación más incisiva: ¡Ven! Es la voz que llama en la reciprocidad del deseo (Cant 2,10.13; 4,8; 7,12), el reclamo orientado a la superación de la propia solicitud, una invitación a la comunión.

En la dinámica esponsal de la vida consagrada este movimiento del alma se transforma en oración incesante. Se invoca al Amado como presencia activa en el mundo, fragancia de resurrección que consuela, sana y se abre a la esperanza (Jer 29,11). Hacemos nuestra la invocación que cierra la revelación bíblica: *El Espíritu y la Novia dicen:* «*¡Ven!*». *Y el que oiga diga:* «*¡Ven!*» (Ap 22,17).

## Sobre el monte como signo del cumplimiento

65. «*Venid, subamos al monte del Yavé, a la casa del Dios de Jacob, para que Él nos enseñe sus caminos* (Is 2,3). Atenciones, tentativas, voluntad, pensamientos, aspectos, sentimientos todos los que estáis en mi intimidad, venid: subamos al monte, al lugar donde el Señor ve y es visto».[147]

---

[147] GUILLERMO DE SAINT-THIERRY, *La contemplazione di Dio*, Prólogo, 1 [trad. nuestra].

Si la llamada a la contemplación, la llamada a subir al monte del Señor, es la vocación propia de la Iglesia y a ella está ordenada y subordinada cualquier otra actividad,[148] adquiere un sentido y un acento permanente para las comunidades monásticas, comunidades orantes enteramente volcadas en la contemplación, según el carisma propio de cada familia religiosa.

La vida monástica es la forma en que surgieron las comunidades de vida consagrada en la Iglesia, y aún hoy señala la presencia de hombres y mujeres enamorados de Dios, que viven buscando su rostro y encuentran y contemplan a Dios en el corazón del mundo. La presencia de comunidades puestas como una ciudad sobre la montaña o como una vela sobre el candelero (cf Mt 5,14-15), aun estando basadas en la vida sencilla, representa de forma visible la meta hacia la cual camina toda la comunidad eclesial, que «se encamina por las sendas del tiempo con la mirada fija en la futura recapitulación de todo en Cristo».[149]

¿Qué pueden representar, para Iglesia y para el mundo, las mujeres y los hombres que eligen vivir su propia vida sobre la montaña de la intercesión? ¿Qué significado puede tener una comunidad que se dedica esencialmente a la oración, a la contemplación, en un contexto de *koinonía* evangélica y laboriosidad?

66. La vida de las personas contemplativas se pone como figura del amor, los hombres y las mujeres que

---

[148] Cf Concilio Ecuménico Vaticano II, Constitución sobre la Sagrada Liturgia *Sacrosanctum Concilium*, 2.

[149] Juan Pablo II, Ex. Ap. postsinodal *Vita consecrata* (25 de marzo de 1996), 59.

viven *escondidos con Cristo en Dios* (cf Col 3,3) habitan los surcos de la historia humana y, colocados en el corazón mismo de la Iglesia y del mundo,[150] permanecen «ante de Dios por todos».[151]

Las comunidades de orantes no proponen una realización más perfecta del Evangelio, sino que constituyen una instancia de discernimiento al servicio de toda la Iglesia, que es el signo que indica su camino, recordando a todo el pueblo de Dios el sentido de lo que él vive.[152] Consagradas en la íntima fecundidad de la intercesión, las comunidades de contemplativos y contemplativas son imagen de la nostalgia del cielo, del mañana de Dios, espera ardiente de la esposa del Cantar de los cantares, «signo de la unión exclusiva de la Iglesia-esposa con su Señor, sumamente amado».[153] Las comunidades contemplativas están llamadas a vivir las categorías de un presente ya donado[154] como misión, conscientes de que el presente y la eternidad no están uno después del otro, sino íntimamente unidos.

«La vocación monástica –ha dicho el papa Francisco– es una tensión entre la vida oculta y la visibilidad: una tensión en sentido vital, tensión de fidelidad. Vuestra vocación [...] consiste en ir precisamente

---

[150] Concilio Ecuménico Vaticano II, Constitución dogmática sobre la Iglesia *Lumen gentium*, 44; Juan Pablo II, Ex. Ap. postsinodal *Vita consecrata* (25 de marzo de 1996), 3.29.

[151] E. Stein, *Lettera a Fritz Kaufmann*, en M. Paolinelli, «*Stare davanti a Dio per tutti*». *Il Carmelo di Edith Stein*, OCD, Roma 2013.

[152] Cf Concilio Ecuménico Vaticano II, Decreto sobre la renovación de la vida religiosa *Perfectae caritatis*, 5.

[153] Juan Pablo II, Ex. Ap. postsinodal *Vita consecrata* (25 de marzo de 1996), 59.

[154] Benedicto XVI, Carta Enc. *Spe Salvi* (30 de noviembre de 2007), 9.

al campo de batalla, es lucha, en llamar al corazón del Señor en favor de esa ciudad».[155]

La *stabilitas* monástica deja espacio a Dios y anuncia la certidumbre de su presencia en las vicisitudes de la vida humana, allí donde se encuentre: donde habite el hombre allí ha venido a habitar Dios en su Hijo Jesucristo. El testimonio de las comunidades de contemplativos y contemplativas habla de un lugar habitado por quien no pasa de largo, como el levita o el sacerdote de la parábola; de quien sabe habitar en modo estable para dejarse encontrar por el hombre y por sus preguntas, para albergar a la humanidad herida en su propia relación con Dios.

Decir amor a Dios es narrar a los hombres una parábola sobre el reino de los cielos: esto es la vida íntegramente contemplativa. Los monjes y las monjas tienen como horizonte la propia oración del mundo: sus ruidos y el silencio de su desolación; sus alegrías, sus riquezas, sus esperanzas y angustias; su desierto de soledad y sus multitudes anónimas.

Este es el camino de los peregrinos que buscan al Dios verdadero, es la historia de toda persona contemplativa que permanezca vigilante, mientras acoge en sí misma la *sequela Christi* como configuración con Cristo. La *stabilitas* se revela, con todo, siempre como camino, posibilidad de salida más allá de las fronteras del tiempo y del espacio, para convertirse en la avanzadilla de la humanidad: «Vayamos a morir por nuestro pueblo», dice Edith Stein a su hermana Rosa

---

[155] PAPA FRANCISCO, Discurso a los consagrados y a las consagradas de la Diócesis de Roma, Ciudad del Vaticano (16 de mayo de 2015).

cuando es arrestada en el Monasterio de Eckt y conducida a Auschwitz durante el Holocausto.[156]

67. La vida monástica, en gran parte declinada en femenino, se arraiga en un silencio que se vuelve generativo. «Comprenderse hoy como mujeres en oración es un gran desafío», afirman las monjas; es vivir un *status* vital que crea.

La vida monástica femenina se convierte en corazón de intercesión, en narración de relaciones verdaderas, de cuidado y de sanación: es custodia de toda huella de vida, capaz de intuir a través de la empatía armonías escondidas y tenaces. Las monjas saben ser y pueden ser voz de gratuidad y de preguntas fecundas, lejos de toda idealización preestablecida, mientras se dejan moldear por la potencia del Evangelio. La unificación del corazón, dinamismo propio de la vida monástica, exige con urgencia que ésta sea de nuevo propuesta como empatía, laboratorio de narraciones de salvación, consciente disposición al diálogo dentro de la cultura de la fragmentación, de la diversidad y de la precariedad, huyendo de la fascinación de una paz imaginaria.

Todo esto requiere en la vida monástica femenina de una exigente formación en la fe que esta vida comporta, vida en la fe que madure con docilidad al Espíritu; requiere también de una escucha atenta de los signos de los tiempos, que predisponga el germen de la profecía y una relación real con la historia y con realidades eclesiales, que no se base solo en informaciones y relaciones abstractas; requiere una intercesión que implique la vida.

---

[156] Últimas palabras de Edith Stein (santa Teresa Benedicta de la Cruz) a su hermana Rosa en el Monasterio de Eckt.

68. Desde esa frontera de lo humano las comunidades contemplativas llegan a ser capaces de ver más allá, de ver el Más allá. La escatología aparece como patria no de aquellos que saltan lo humano, sino de aquellos que, empeñando toda su vida en la búsqueda absoluta de Dios, se sumergen en los acontecimientos históricos para discernir las huellas de la presencia de Dios y servir a sus designios. Los muros que circundan el espacio están al servicio de la búsqueda; no representan una separación fóbica ni la atenuación de la atención o de la acogida, sino que expresan el latido esencial del amor profundo por la Iglesia y la caridad solidaria hacia los hermanos.

La vida integralmente contemplativa narra la armonía entre el tiempo y la escatología. El seguimiento y la espera caminan juntos. No podemos sostener el *sígueme* que Jesús les dijo a los discípulos sin la parusía que se hace grito en la oración coral de la Iglesia, esperanza que invoca: *Ven, Señor Jesús* (Ap 22,20). La iglesia-Esposa se fecunda con el testimonio de este más allá, porque la dimensión escatológica corresponde a la exigencia de la esperanza cristiana.

La comunidad contemplativa establecida sobre el solitario monte y entre los aglomerados urbanos caóticos y ensordecedores recuerda la relación vital entre el tiempo y la eternidad. La comunidad que contempla recuerda que no tenemos a nuestra disposición un tiempo infinito, un eterno retorno, un *continuum* homogéneo y privado de sobresaltos, y atestigua una posibilidad epifánica nueva del tiempo. Los días no son una eternidad vacía, fragmentada y líquida, en la que todo puede suceder menos un hecho esencial: que el Eterno entre en el tiempo y le dé tiempo al tiempo. Se vive el espesor de un tiempo pleno, colmado de lo eterno; se vive la escatología cristiana no como momento inerte en nuestros tiempos breves, sino como evolución continua y luminosa.[157]

Los contemplativos no viven en el tiempo como realidad encrespada por la espera, sino como el fluir continuo del Eterno en el tiempo cotidiano. Es una profecía de vida que hace memoria continua del nexo esencial que une la *sequela* y la espera. No se puede eliminar un componente sin comprometer seriamente el otro; no se puede vivir sin el aliento de lo infinito, sin espera, sin escatología.

69. Esta cultura evangélica, tan querida en los monasterios, ha demostrado a lo largo de los siglos que la esperanza cristiana vivida en la esperanza de lo venidero se configura como *opus Dei* que no lleva al desempeño histórico y social, sino que engendra responsabilidad y pone las premisas de un sano humanismo. En una cultura que ha generado la lóbrega escatología del *tedio*, del tiempo sin tiempo, que evita la confrontación con la trascendencia, puede y debe brillar el tiempo de los contemplativos; tiempo de aquellos que tienen algo diferente que decir. Ellos, a través de una vida solitaria y gozosa, profética, sustrayéndose a toda manipulación y compromiso, testimonian la precariedad y el carácter efímero de toda la cultura del presente que limita la vida.

---

[157] Cf J. B. Metz, *Tempo di religiosi? Mistica e politica della sequela,* Queriniana, Brescia 1978.

Las comunidades contemplativas, en las cuales hombres y mujeres viven la búsqueda del rostro de Dios y la escucha de la Palabra *quotidie*, conscientes de que Dios sigue siendo un infinito jamás conocible, están sumergidas en una dialéctica del *ya sí y todavía no*. Lógica que no afecta solamente a la relación tiempo-eternidad, sino también la relación entre la experiencia del Dios vivo y la conciencia de su misteriosa trascendencia. Todo jugado en la propia carne, en la angustia de las cosas, en el fluir de los días y de los acontecimientos.

Humanidad vigilante, centinelas sobre el monte que escrutan los estremecimientos del alba (cf Is 21,12) y siguen indicando el *adventus* del Dios que salva.

**Por los caminos para custodiar a Dios**

70. «La búsqueda del rostro de Dios en cada cosa, en cada uno, por todas partes, en todo momento, descubriendo su mano en todo lo que sucede: esta es la contemplación en el corazón del mundo»,[158] escribía la beata Teresa de Calcuta.

Si bien las comunidades íntegramente dedicadas a la contemplación iluminan y guían el camino, toda la vida de consagración especial está llamada a ser un lugar donde existe el abrazo y se siente la compañía de Dios.

---

[158] J. L. González Balado (ed.), *I fioretti di Madre Teresa di Calcutta. Vedere, amare, servire Cristo nei poveri*, San Paolo, Cinisello Balsamo (MI) 1992, 62 [trad. nuestra].

Una contemplación auténticamente cristiana no puede prescindir del movimiento hacia el exterior, de una mirada que desde el misterio de Dios se vuelva al mundo y se traduzca en compasión activa. *A Dios nadie le ha visto jamás* (Jn 1,18), pero Jesús se hizo su exegeta, aquel que del Padre invisible es el rostro visible. Solo a condición de dejarse involucrar por Cristo y por sus opciones será posible contemplarlo. El que desea contemplar a Dios, acepta vivir de un modo que permita a los hombres y a las mujeres de su tiempo reconocerlo. A los que viven testimoniándolo en el mundo el Dios de Jesucristo se les revela como huésped y comensal.

Estamos llamados a degustar el misterio del Dios *misericordioso y compasivo, lento a la ira y rico de amor y de fidelidad* (Éx 34,6), del Dios que *es amor* (1Jn 4,16) y a custodiarlo en los caminos humanos, también en el signo de la fraternidad.

El papa Francisco ha hecho la siguiente invitación a los consagrados coreanos: «Vuestro desafío es llegar a ser expertos en la misericordia divina, precisamente a través de la vida comunitaria. Sé por experiencia que la vida en comunidad no siempre es fácil, pero es un campo de entrenamiento providencial para la formación del corazón. Es poco realista no esperar conflictos; surgirán malentendidos y habrá que afrontarlos. Pero, a pesar de estas dificultades, es en la vida comunitaria donde estamos llamados a crecer en la misericordia, la paciencia y la caridad perfecta».[159] En esta visión se tamiza nuestra vida fraterna: lugar de la misericordia

---

[159] Papa Francisco, Discurso en ocasión del encuentro con las comunidades religiosas en Corea, Seúl (16 de agosto de 2014).

y de la reconciliación, o espacio y relación ineficaz en el cual se respira desconfianza, juicio y hasta condena.

71. El acontecimiento de la contemplación puede verificarse siempre y en todo lugar, tanto sobre el monte solitario cuanto en los senderos de las periferias de lo no-humano. Y es salvífico. Las comunidades de consagrados y consagradas que velan en la ciudad y en las fronteras entre los pueblos son un lugar en el que las hermanas y los hermanos se aseguran en favor de todos, el espacio del cuidado de Dios. Se trata de una invitación a ser comunidades orantes en las cuales Dios se hace presente; de una llamada a vivir en vigilante economía del tiempo para que no se colme de cosas, de actividades y de palabras. Las comunidades apostólicas, las fraternidades, cada uno de los consagrados en sus variadas formas, custodian en el contacto y en la confrontación cotidiana con la cultura el tiempo de Dios en el mundo, las razones y el modo del Evangelio: «Lugares de esperanza y de descubrimiento de las Bienaventuranzas; lugares en los que el amor, nutrido de la oración y principio de comunión, está llamado a convertirse en la lógica de la vida y la fuente de alegría».[160] Signo de Aquel que incesantemente sale a nuestro encuentro como el Viviente.

En un tiempo de cruel conflicto mundial (1943) y en un lugar, Auschwitz, en el cual todo proclamaba, aún más, gritaba la muerte de Dios y del hombre, Etty Hillesum, joven hebrea, intuye con mirada contemplativa el íntimo lazo existente entre los destinos de

---

[160] JUAN PABLO II, Ex. Ap. postsinodal *Vita consecrata* (25 de marzo de 1996), 51.

cada cual, vuelve a descubrir en sí misma la verdad de lo humano como lugar de relaciones de la compasión en el que sobrevive la presencia de Dios. Se confía a sí misma una tarea: custodiar, preservar, más que la propia vida física, su núcleo interior más profundo. Es la experiencia mística que experimentan las personas orantes: «Dios mío ¡son tiempos tan angustiosos! Esta noche por primera vez estaba despierta en la oscuridad con los ojos que me ardían, delante de mí pasaban imágenes tras imágenes de dolor humano [...]. Y casi en cada palpitación de mi corazón, crece mi certidumbre: [...]. Nos toca a nosotros ayudarte, defender hasta lo último tu casa en nosotros. Existen personas que en el último momento se preocupan de poner en salvo aspiradoras, tenedores y cuchillos de plata, en vez de salvarte a ti, Dios mío [...]. Me has hecho tan rica, Dios mío, déjame también dispensar a los demás a manos llenas. Mi vida se ha convertido en un diálogo ininterrumpido contigo, un único gran diálogo».[161]

Cuando el espíritu comprende, ve y gusta la riqueza que es Dios mismo, la difunde como salvación y alegría en el mundo. Se verifica la promesa de Isaías: *Te guiará Yavé de continuo, hartará en los sequedales tu alma, dará vigor a tus huesos, y serás como huerto regado, o como manantial cuyas aguas nunca faltan* (Is 58,11).

72. La contemplación fiel, coherente en el cumplimiento de la misión, ha convocado a consagrados y consagradas hasta el extremo del éxtasis: «La efusión

[161] E. HILLESUM, *Diario 1941-1943*, Adelphi, Milán 1996, 169-170; 682 [trad. nuestra].

de la propia sangre, plenamente configurados con el señor crucificado».[162]

Es el éxtasis previsto por el padre Christian de Chergé, prior del Monasterio de Tibhirine, decapitado junto con seis hermanos en las montañas argelinas del Atlante, en mayo de 1996. Siete monjes que eligieron ser testimonios del Dios de la vida en silencio y en soledad, en el abrazo cotidiano con la gente.

«Mi muerte parecerá dar razón a aquellos que me han tachado rápidamente de ingenuo o idealista: "¡Diga ahora lo que piensa sobre esto!" Pero deben saber que será finalmente satisfecha mi más aguda curiosidad. He aquí que podré, si place a Dios, sumergir mi mirada en la del Padre, para contemplar con Él a sus hijos como Él los ve, totalmente iluminados por la gloria de Cristo, frutos de su pasión, agraciados con el don del Espíritu, cuya alegría secreta será siempre establecer la comunión y restablecer la semejanza, jugando con las diferencias. De esa vida perdida, totalmente mía y totalmente de ellos, yo doy gracias a Dios que parece haberla querido toda entera para aquella *alegría*, a través de y no obstante todo».[163]

La vida se convierte en un canto de alabanza, mientras la oración contemplativa fluye como bendición, sana y cura, abre a unidad –más allá de las etnias, de las religiones y de las culturas– mientras nos introduce en el cumplimiento futuro.

---

[162] JUAN PABLO II, Ex. Ap. postsinodal *Vita consecrata* (25 de marzo de 1996), 86.

[163] C. DE CHERGÉ, *Testamento spirituale*, en C. DE CHERGÉ *et al.*, *Più forti dell'odio*, Qiqajon, Comunità di Bose 2006, 219-220 [trad. nuestra].

Mi cuerpo es para la tierra,
pero, por favor,
ninguna barrera entre ella y yo.
Mi corazón es para la vida,
pero, por favor,
ningún melindre entre ella y yo.
Mis brazos para el trabajo,
serán entrecruzados muy sencillamente.
Para mi rostro: permanezca despojado
para no impedir el beso,
y la mirada; dejadlo ver.[164]

El *éschaton* está presente ya en la historia, como semilla que debe ser llevada a término en el canto de la vida que contempla y realiza la esperanza.

[164] *Ib.*

# PARA LA REFLEXIÓN

## 73. Las provocaciones del papa Francisco

- Nosotros también podemos pensar: ¿Cuál es hoy la mirada de Jesús sobre mí? ¿Cómo me mira Jesús? ¿Con una llamada? ¿Con el perdón? ¿Con una misión? [...] Estamos seguros de que en el camino que él ha hecho todos estamos bajo la mirada de Jesús: Él siempre nos mira con amor, nos pide algo, nos perdona algo y nos da una misión.[165]

- ¡Son muchos los problemas que se presentan cada día! Todos ellos nos estimulan a lanzarnos con pasión a una generosa actividad apostólica. Sin embargo, sabemos que nosotros solos no podemos hacer nada. [...] La dimensión contemplativa es por ello indispensable en medio de los compromisos más urgentes e importantes. Cuanto más nos llama la misión a ir a las periferias existenciales, más siente

[165] Papa Francisco, Meditación diaria en la capilla de la Domus Sanctae Marthae, Ciudad del Vaticano (22 de mayo de 2015).

nuestro corazón la íntima necesidad de estar unido al de Cristo, lleno de misericordia y de amor.[166]

• Impulsad hacia delante el camino de renovación iniciado y en gran parte realizado en estos cincuenta años, analizando toda novedad a la luz de la palabra de Dios, escuchando las necesidades de la Iglesia y del mundo contemporáneo y utilizando todos los medios que la sabiduría de la Iglesia pone a vuestra disposición para avanzar en el camino de vuestra santidad personal y comunitaria. El más importante de todos estos medios es la oración, también la oración gratuita, la oración de alabanza y de adoración. Nosotros, los consagrados, somos consagrados para servir al Señor y servir a los demás con la palabra del Señor, ¿no? Decid a los nuevos miembros, por favor, decidles que rezar no es perder el tiempo, adorar a Dios no es perder el tiempo, alabar a Dios no es perder el tiempo.[167]

• La vida es un camino hacia la plenitud de Jesucristo, cuando vendrá por segunda vez. Es un camino hacia Jesús, que regresará en la gloria, como dijeron los ángeles a los apóstoles el día de la ascensión. [...] ¿Estoy apegado a mis cosas, a mis ideas, cerrado? O ¿estoy abierto al Dios de las sorpresas? [...] Y, en

---

[166] Papa Francisco, Discurso de la celebración de las Vísperas con sacerdotes, religiosas, religiosos, seminaristas y movimientos laicales, Tirana (21 de septiembre de 2014).

[167] Papa Francisco, Discurso a los participantes en la pleno de la Congregación para los Institutos de Vida Consagrada y las Sociedades de Vida Apostólica, Ciudad del Vaticano (27 de noviembre de 2014).

definitiva, ¿creo en Jesucristo y en lo que hizo, es decir, que murió, resucitó [...] ¿Creo que el camino sigue adelante hacia la madurez, hacia la manifestación de la gloria del Señor? ¿Soy capaz de entender los signos de los tiempos y ser fiel a la voz del Señor que se manifiesta en ellos?[168]

- Muchas veces nos equivocamos, porque todos somos pecadores, pero reconocemos el hecho de habernos equivocado, pedimos perdón y ofrecemos el perdón. Y esto hace bien a la Iglesia: hace circular en el cuerpo de la Iglesia la savia de la fraternidad. Y hace bien también a toda la sociedad. Pero esta fraternidad presupone la paternidad de Dios y la maternidad de la Iglesia y de la Madre, la Virgen María. Cada día tenemos que volver a situarnos en esta relación, y lo podemos hacer con la oración, la Eucaristía, la adoración, el Rosario. Así renovamos cada día nuestro «estar» con Cristo y en Cristo, y así nos introducimos en la relación auténtica con el Padre que está en el cielo y con la Madre Iglesia, nuestra Santa Madre Iglesia jerárquica, y la Madre María. Si nuestra vida se sitúa siempre de nuevo en estas relaciones fundamentales, entonces estamos en condiciones de vivir también una fraternidad auténtica, una fraternidad testimonial, que atrae.[169]

[168] PAPA FRANCISCO, Meditación diaria en la capilla de la Domus Sanctae Marthae, Ciudad del Vaticano (13 de octubre de 2014).
[169] PAPA FRANCISCO, Discurso a los participantes en la Asamblea nacional de la Conferencia Italiana de Superiores Mayores (CISM), Ciudad del Vaticano (7 de noviembre de 2014).

- Dios trabaja, sigue trabajando y nosotros podemos preguntarnos cómo debemos responder a esta creación de Dios, que nace del amor porque Él trabaja por amor. [...] A la «primera creación» debemos responder con la responsabilidad que el Señor nos da: «La tierra es vuestra, llevadla adelante, hacedla crecer». [...] También para nosotros queda la responsabilidad de hacer crecer la tierra, de hacer crecer la creación, de custodiarla y hacerla crecer según sus leyes: somos señores de la creación, no dueños. Y no debemos adueñarnos de la creación, sino llevarla adelante, fiel a sus leyes.[170]

- Todos los días, haced la vida de una persona que vive en el mundo y, al mismo tiempo, custodiad la contemplación, esta dimensión contemplativa hacia el Señor y también en relación con el mundo; contemplad la realidad, como la belleza del mundo, y también los pecados graves de la sociedad, las desviaciones, todas estas cosas, y siempre en tensión espiritual [...] Por eso vuestra vocación es fascinante, porque es una vocación que está justo ahí, donde se juega la salvación no solo de las personas, sino también de las instituciones.[171]

- ¿Cómo respondemos al trabajo que hace el Espíritu Santo en nosotros al recordarnos las palabras de Jesús, al explicarnos, al hacernos entender lo que

[170] Papa Francisco, Meditación diaria en la capilla de la Domus Sanctae Marthae, Ciudad del Vaticano (9 de febrero de 2015).

[171] Papa Francisco, Audiencia a los participantes en el encuentro promovido por la Conferencia Italiana de los Institutos Seculares, Ciudad del Vaticano (10 de mayo de 2014).

Jesús dijo? [...] Dios es persona: es persona Padre, persona Hijo y persona Espíritu Santo [...] A los tres respondemos: custodiad y haced crecer la creación, dejadnos reconciliar con Jesús, con Dios en Jesús, en Cristo, todos los días, y no entristeced al Espíritu Santo, no expulsadlo: es el huésped de nuestro corazón, el que nos acompaña, nos hace crecer.[172]

*Ave, Mujer vestida de sol*

74. Nuestro pensamiento se vuelve a María, arca de Dios. Junto a su Niño, carne de su carne y origen que viene de lo Alto, María está unida al Misterio. Felicidad indecible y enigma insondable. Se convierte en templo de silencio sin el cual no germina la semilla de la Palabra, ni florece el estupor por Dios y por sus maravillas; lugar en el cual se oyen las vibraciones del Verbo y la voz del Espíritu como brisa suave. María se convierte en la esposa en el encanto que adora. El evento divino actuado en ella de modo admirable es acogido en el tálamo de su vida de mujer:

*Adorna thalamum tuum, Sion,*
*Virgo post partum, quem genuit adoravit*[173].

María se convierte en el cofre de los recuerdos del Niño, hechos y palabras confrontados con los vatici-

[172] PAPA FRANCISCO, Meditación diaria en la capilla de la Domus Sanctae Marthae, Ciudad del Vaticano (9 de febrero de 2015).
[173] *Liturgia Horarum*. Fiesta de la presentación de Jesús al Templo, Oficio de lecturas, 1° responsorio.

nios de los profetas (cf Lc 2,19), rumiados en la Escritura en lo profundo del corazón: custodia celosamente todo aquello que no logra comprender, en la espera de que el Misterio sea revelado. La narración lucana sobre la infancia de Jesús es un *liber cordis*, escrito en el corazón de la Madre antes que en los pergaminos. En ese lugar de lo profundo cada palabra de María, de gozo, de esperanza y de dolor, ha llegado a ser memoria de Dios por el asiduo rumiar contemplativo.

En el curso de los siglos la Iglesia ha comprendido progresivamente el valor ejemplar de la contemplación de María. Leer a la Madre como icono de la contemplación ha sido una obra de siglos. Dionisio el Cartujo la indica como *summa contemplatrix* porque, así como «ha sido concedido que de un modo singular por ella y por medio de ella se realizasen los misterios de la humana salvación, así le ha sido dado de modo eminente y más profundo contemplarlos».[174] De la anunciación a la resurrección, a través del *stabat iuxta crucem*, donde *mater dolorosa et lacrimosa* adquiere la sabiduría del dolor y de las lágrimas, María entretejió la contemplación del Misterio que la habita.

En María vislumbramos el camino místico de la persona consagrada, fundada en la humilde sabiduría que degusta el misterio del cumplimiento último. Una Mujer vestida de sol aparece como signo espléndido en el cielo: *Una gran señal apareció en el cielo: una Mujer, vestida del sol, con la luna bajo sus pies, y una corona de doce estrellas obre su cabeza* (Ap 12,1). Ella, nueva Eva despo-

---

[174] S. DE FIORES, *Elogio della contemplazione*, en S. M. PASINI (ed.), *Maria modello di contemplazione del mistero di Cristo*, Monfortane, Roma 2000, 21-22 [trad. nuestra].

sada bajo la Cruz, nueva mujer del Cantar de los cantares, sube del desierto apoyada en su amado (Cant 8,5) y da a luz, en el mundo y en el tiempo de la ruptura y de la debilidad, al Hijo, fruto de la salvación universal, gozo del Evangelio que salva:

> Irás, así te pedimos [...]
> Volarás entre torre y torre
> en torno a las cúpulas,
> entrarás por las ojivas de las iglesias
> y detrás de las selvas de los rascacielos,
> en el corazón del palacio real
> y en medio de la estepa:
> emigrarás peregrina y en seguida
> y en todas partes darás a luz a tu Hijo,
> gozo y unidad de las cosas,
> oh eterna Madre.[175]

Ciudad del Vaticano, 15 de octubre de 2015
*Memoria de santa Teresa de Ávila,*
*virgen y doctora de la Iglesia*

João Braz Card. de Aviz
*Prefecto*

✠José Rodríguez Carballo, OFM
*Arzobispo Secretario*

---

[175] D. M. TUROLDO, *O sensi miei... Poesie 1948-1988*, Rizzoli, Milán 1990, 256 [trad. nuestra].

# ÍNDICE

# EPÍLOGO

# PARA LA REFLEXIÓN

# OTROS TÍTULOS DE LA COLECCIÓN

### Identidad y Misión
### del religioso hermano en la Iglesia

Es un documento dirigido a hermanos o religiosos laicos pero también a los sacerdotes diocesanos, a los Obispos y a todos aquellos que quieran conocer, apreciar y promover la vocación del religioso hermano en la Iglesia.

El documento muestra la gran riqueza y actualidad de los hermanos. La identidad y misión se resume en la fraternidad entendida como el don que el hermano recibe de Dios Trinidad. Don que comparte con sus hermanos y con la Iglesia y el mundo.

### Escrutad

Nuevamente las palabras de vida del papa Francisco continúan indicándonos el gozo del anuncio y la fecundidad de una vida vivida al estilo del Evangelio. Nos invita a actuar, a dejar atrás una "Iglesia mundana bajo ropajes espirituales o pastorales" para respirar el aire puro del Espíritu Santo, que nos libera de estar centrados en nosotros mismos, escondidos en una apariencia religiosa vacía de Dios.

### Alegraos

Una carta a los consagrados y consagradas que invita a abrir un itinerario en común para la reflexión personal, fraterna y de institución hacia el 2015, año en que la Iglesia lo dedica a la vida consagrada.

# NOVEDADES

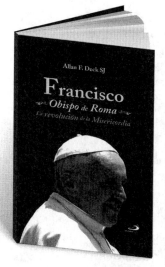

## Francisco, Obispo de Roma
*La revolución de la misericordia*

Allan Deck, sacerdote jesuita, se adentra profundamente en la persona de Francisco, el obispo de Roma. Elegido sucesor de san Pedro el 13 de marzo de 2013, Jorge Mario Bergoglio, ha logrado con su carisma y sencillez llegar al corazón de los católicos e incluso de muchos que pertenecen a otras confesiones religiosas en todo el mundo. ¿Quiénes fueron los maestros de vida del Papa Francisco? ¿Por qué eligió el nombre de Francisco para portarlo y marcar su pontificado con el espíritu del pobrecillo de Asís?

A través de una seria investigación y de entrevistas personales, Allan F. Deck, explora las raíces del Papa; se adentra en sus orígenes inmigrantes, su cultura argentina y su formación jesuita; profundiza en la pasión del Papa por los pobres y excluidos de este mundo; su abrazo de misericordia y su determinación para conducir a la Iglesia como "comunidad en salida" llena de discípulos misioneros; su reconocimiento del papel emergente de los laicos; su llamada para que la Iglesia sea como un "hospital de campaña" donde la gente pueda encontrar alivio, sanación, misericordia".

www.**sanpablo**.com.mx

*Contemplad*
se terminó de imprimir en los talleres de
**EDICIONES PAULINAS, S.A. DE C.V.**
Calz. Taxqueña, núm. 1792, Deleg. Coyoacán, 04250, México, D.F., Febrero de 2016.
El tiro consta de 2,000 ejemplares
impresos más sobrantes para reposición.